本物の木と
漆喰でつくる
健康住宅

心地のいい家で暮らしたい

小長谷直弘
Kohase Naohiro

現代書林

はじめに……誰のための、何のための家なのか

この本を手にとってくださった方の多くは、これから家を建てようという方だと思います。「これから」が、「すぐにでも」という場合もあれば、「いずれは」とか「そのうち」という場合もあるでしょう。

また、建てる家が「初めての家」の人がいる一方で、今ある家を建て替えて、二世帯住宅やご夫婦二人の終《つい》の棲家《すみか》を求めている方もいらっしゃるのではないかと思います。

つまり、ひと口に「家を建てる」と言っても、その内容は千差万別、100組の家族があれば100通りの家があるわけです。

「そんなの当たり前だ」。そのように言う人は少なくないと思いますが、でも、実際はどうでしょうか。

そっくりな建売住宅が何棟も建てられ、しかもちゃんと購入する人がいます。

オーダーで建てた家であったとしても、完全なオーダーは少なく、実態はセミオーダー

というところではないでしょうか。

一人ひとり顔が異なるように家族の形態もそれぞれ違います。１００組の家族があれば１００通りの家があってしかるべきなのに、現実で起きていることは、ある一定の「型」に住む人のほうが合わせている、ということです。そうしたことを踏まえて、私は、これから家を建てようとしている方々に、最初に問うてみたいことがあります。

第一に、「誰のための家なのか」ということ。そこに住むのは誰で、どういう体質でどんな健康状態にあり、どういう生活を望み、どんな趣向を持っているのか。

第二に、「何のための家なのか」ということ。その家で暮らすことによって、どういう自分になり（あるいはどういう家族になり）、どういう生活をして、どんな人生にしていきたいのか。

人が家に合わせるのではなく、あくまで「人に合わせた家」のあり方を考えていくのです。この時、すべての人、すべての家族に共通する条件があります。それは、「安心して暮らすことのできる安全な家」ということです。

これも、当たり前じゃないか、と思う人がかなりいるのではないかと思います。

しかし、現実はどうかといえば、家の中でお亡くなりになるケースは交通事故の約四倍にもなるという統計が出ています。病気にしてもしかり。シックハウス症候群、喘息やアトピー性皮膚炎などのアレルギー疾患、その他さまざまな病気が住空間に関係しているらしい……ということが、徐々にではありますが、認められつつあります。

これはなかなか科学的に立証するのが難しいことではあるのですが、住む家を変えただけで病気が改善したり、きわめて健康に暮らすことができるようになったケースは枚挙にいとまがありません。実際に私自身も経験していますし、また、お客様を通じて信じがたいお話を伺っています。

つまり、家が住む人の健康を左右し、その結果、生き方にも影響を及ぼしているのです。住む家がどんな家かによって、人生までもが変わってしまう。これは決して大げさなことではないということです。

家を建てる。家を買う。これは多くの人にとって、そう何度もあることではありません。一生に一度という場合も多いことでしょう。もちろんそれは大きな買い物だからです。一生にせいぜい一度しかできない、とてつもない買い物です。

昨今は、かなり「割安」と感じられる住宅も増えています。例えば3000万円、4000万円だったのが半額になったとなれば、手が届きそうだという心境にもなるものです。

しかし、数千万円もの買い物をするために、自分の命を担保に最長35年というローンを組む、この恐ろしさをどれくらいの人が理解しているのでしょうか。

おそらく、「自分や家族の命」や「自分や家族の人生」を担保にしているなどとは思っていないから、まあそんなものかとローンを組んでしまうのでしょう。賃貸で支払う家賃よりも安く、最終的には自分のものになるのだからということが、まるで約束された未来のように受け止められているのです。

しかし、どう考えても家を建てるというのは覚悟がいることです。そして、家を建てるには機が熟す必要があり、「縁」と「運」と「タイミング」がバチっと合わさった時に実現できるものだというのが私の考えです。

その「縁」と「運」と「タイミング」をできる限りいいものにするためにも、「家とは何か」ということをしっかり考えていただきたい。

健康も人生も左右する、となれば、こんなデザイン、あんな設計……と、見た目の美しさや機能性ばかりにとらわれていては不十分なのだということに気づくのではないでしょうか。いや、気づいてほしい、というのが私の願いです。

本書は、これからの家づくりの「あるべき姿」を一人でも多くの人に考えていただきたいという思いから生まれました。時代の流れの中で、人々の意識も、ライフスタイルも、どんどん変化しています。しかし、その中でも、変わりようのない基本となるもの、根本となるものがある。家にたとえれば基礎に当たるものです。

しっかりした基礎の上にこそ、変化に富んだ家をつくることができる。そのために必要不可欠な基準となるものは何で、どのように取り入れていけばいいのか、ということを、できる限りお伝えしていきたい。そして、そのような基礎を踏まえることによって、どれだけ自由度が広がるか、つまり、住む人に応じた家づくりができるのか、ということを示していくことができればと考えています。

あなたと、あなたの大切なご家族の幸せな人生のために、本書をお役立ていただければ幸いです。

小長谷　直弘

目次

第1章

家は人生を左右する

第2章

安心して住める家づくり

第3章

住み心地ストーリー「安心な家で暮らせて良かった！」

第4章 もう一度、これからの家づくりを考える

第 1 章

家は
人生を左右する

我が子に教えられた「家づくり」の立脚点

私が「誰もが安心して安全に暮らせる家が当然の条件」とするようになったのは、実は自分の子どもを持ったことによります。それまでは、今から思えばそこまで「安心・安全」のこだわりはなかったわけで、まして住む家が健康も、そして人生までも左右するということまでは考えていなかったのです。

まず、娘が7歳の時のことでした。

小学校に上がって初めての夏休みが始まった最初の日曜日。私たち家族は、家づくりを依頼されていたお客様のご家族と一緒に成田市の住宅公園にモデルハウス見学に出かけたのです。家族ぐるみで出かけたのは、そのお客様が私の先輩だったためです。もし、そうした関係でなければ、妻や娘を連れて行くことはなかったでしょう。それを思うと、少し大げさなようですが、運命的な出来事であったわけです。

住宅公園には何棟ものモデルハウスがあり、いずれも趣向を凝らした立派なものばかり。先輩家族も、これから家を建てるに当たって夢を膨らませていたところで、あれこれ理想

家が原因……？

を語りながら、どのモデルハウスから見学しようかと楽しそうでした。

そうして、ある一軒のモデルハウスに入ったのです。天然木を生かしながらも、シンプルで機能的、そしてぬくもりのあるデザインでした。私も先輩が求める家を具体的に把握するために、細部まで真剣に眺めていたことを憶えています。

と、その時でした。突然、娘が目を真っ赤にし、苦しそうに顔を歪め、体をくの字に曲げるようにしてうずくまってしまったのです。とっさに妻が娘の体の変調に気づいたので事なきを得ましたが、あのまま気を失って倒れて、後頭部でも打っていたら……と考えると、今でもぞっとします。

いったい何が起きたのか、ともかく病院に駆け込みました。

娘は化学物質過敏症と診断されました。モデルハウスに入ってしばらくして気分を悪くしたのは、その家で使われていた化学物質に反応してしまったためだったのです。このことが、いったい何を意味するのか。私はしばらく呆然としていました。そして、不意に思ったのです。

「娘はハウスメーカーの家には住めないんだ」

誰もが知る大企業のつくる家。その知名度は、信用度にもなり、そして、安心度にも比例します。だから多くの人が、有名企業、大企業の家を選んできました。これからも、それは変わらないでしょう。だけど、娘は住めない。悲しい現実に直面し、言葉にならない悔しさを抱きました。

女の子だから、いずれは嫁ぎます。嫁ぎ先が、どこになるのか。近所なら、娘が発作を起こしたりしない家を建ててあげられるだろう。でも、遠方なら？ 他の町へ嫁いだら、おそらく他の大多数の人と同じように、有名ハウスメーカーの家で暮らすことになるのだろう。そうなると、娘は常に病院に通い、薬を服用し、一生を送ることになるのだろう。

親として、当然ながら、どうにかしてやりたいと思いました。そして、もう一つには、

本物の天然素材を使った自然志向の家へ

娘のような体質で生まれてきている人は他にもいるはずだ、と思いました。もしかしたら、もうすでに症状をどうにかこうにか抑えながら、体に合わない家で暮らしている人もいるのだろう、ということに気づいたのです。

そういう人でも安心して暮らせる家を建てる工務店はあるのだろうか。あってもいいじゃないか。そう思って調べてみたところ、決して多いとは言えないことがわかりました。

むしろ主としてコスト削減のため、化学物質をまるでありがたいものとして使用しているケースが散見されたのです。

さらに、よくよく調べてみると、「天然」と称されている家のほとんどが、厳密に言えば天然とは程遠いこともわかってきました。

自然志向の家ならば体も健康になれるのではないか。生まれてくる子どものために天然素材の家にしたい。そのように望む人は少なくないのに、その「自然志向」だとか「天然」に、そもそも問題があったというのは、これはお客様を欺くことになりはしないでしょうか。安心して住むことのできない家なんて、おかしい。そういう家がまだまだ少ないなら、自分がやろう。私の「家づくり」への立脚点が、はっきりと変わった瞬間でした。

モデルハウスは「住んで確かめる」ことができないと意味がない

薬品や建材を使わない家を建てることはできる。これを証明するには、まずはモデルハウスを建てることです。ところが、その頃の私の会社は、とてもではないけれどモデルハウスを建てられるような規模ではありませんでした。「やりたい、やってみたい」「自分がやらねば」という強い思いを抱いたものの、現実の力量はそこまでではない、といったところでした。

しかし、思いの強さというのは、なかなかバカにならないもので、ほどなくそのチャンスが訪れました。実家の母親がアパートを建てようとしていたのです。そこで私は、アパート建築の予定を変更し、モデルハウスを建てて、会社で借り上げようと思ったのです。私は、この生まれ育った地元で、誰もが安心安全に住むことができる、自然素材をたくさん使った健康的なモデルハウスを建ててみようと決心しました。

住宅公園などにモデルハウスを建てることができれば、たくさんの人に知っていただくことができます。しかし、今の自分の力では、この町の人たちだけに知らせることしかできません。でも、それでもいいと思ったのです。と言うよりは、つくらないとダメだ、とまで思いました。

そして、もう一つ重要なこと。それは、その家に住んでも大丈夫かどうか、快適かどうか、「住んで確かめることができるモデルハウス」にするということです。

モデルハウスは見るだけです。娘のように、すぐに症状が現れる場合もありますが、長時間そこにいるうちに変化が起きる人もいるでしょう。二日ほどそこにいて、なんらかの症状が出てくる人もいるかもしれない。逆に、そこにしばらくいることによって、体が軽くなり、気分も爽快で、快適に感じる人もいることでしょう（実際に弊社のモデルハウスでは、このような実感を抱く人が大半です）。

そうしたことを思えば、モデルハウスは住んで確認できないと、ほとんど意味がないと言っても過言ではないのです。

人生で最も高い買い物が家だとすれば、その次は、おそらく車でしょう。車は試乗ができるのに、家は試しに住んでみることができないというのも、考えてみればおかしなことです。そうしてつくったのが弊社のモデルハウスです。

すでに何組ものご夫婦やご家族にご宿泊いただいています。たいていの人は、玄関から入ってすぐに、その違いを五感で感じ取ってくれます。後で詳しく述べますが、「空気」そのものがまったく異なっているからです。

本当の快適な空気、空間というものがどういうものかを肌で知ることによって、これまで、そして今でも、自分がいかに自分を不快にする空気が漂う空間で暮らしてきたかを知ることができるのです。

もちろん娘も具合が悪くなるようなことはありません。なぜそのようなことが実現できたのか、技術的なことなどは後で述べるとして、とにかく、まずは私がやらねば、つくらねばと考えた「安心して安全に暮らせる家」を具現化したモデルハウスを建てることができたのです。

「子どもは住む家を選べない

考えてみれば、子どもは住む家を選ぶことができません。これもまた当然のことなのですが、私を含め、たいていの人がこのことに気づいていないのではないでしょうか。言われてみれば確かに、と誰もが思うこと、当たり前のことに気づくのは、実に難しいのです。

実は、私もある若いご夫婦に言われて気づかされたのです。

まだ言葉も話さない小さなお子さんのあるご夫婦でした。お子さんはアレルギーです。

「大人はいいですよね。ある程度は我慢ができますから。だから、どんな家でも暮らすことはできるでしょう。でも、この子はどうなんだろう、と思うんです。咳が出たり、体がかゆくなったりする、つらい症状の理由など知るよしもない。何も知らないまま、小さな体で一生懸命に生きているわけです。そんな姿を見ていると、つくづく、住む家を選ぶのは私たち大人なんだということの重大さを感じるんです。余計な心配をしなくてもいい家で暮らしたい。この子が少しでも元気になれる家がいい。そのためにやっておけること、がんばれることはやっておきたいんですね」

若いご夫婦の言葉には、家づくりの優先順位がはっきり現れているような気がしました。家をつくるとなると、まずは先立つものを……ということで、お金の話になります。もちろん、お金の話だって重要です。でも、どれくらいのローンを組むことができるかとか、その結果、いくらくらいの家を建てることができるか、といった話の中に、医療費のことなどは考慮されているのでしょうか。

家を建てたはいいけれど、子どものアレルギー症状がひどくて、しょっちゅう病院に通わなければならない。

今は多くの自治体が子どもの医療費を無料か、極めて安くしているので、医療費は家計を圧迫しないでしょう。しかし、子どもは子どものままではありません。思いがけない病気を併発するようなこともあるかもしれません。成人してもなお病院にお世話にならなければ、まともな生活ができないようでは、あまりにも気の毒ではないでしょうか。

それに、どの親にしても、我が子がつらい思いをするのは苦しいものです。自分が変わってやりたいと思う。

無理のない予算内で、使い勝手もそれなりに良く、デザインも気に入っている家を建てたとしても、そこで暮らす我が子が元気いっぱいに過ごせないのなら、その家の価値は、どれほどのものになってしまうのでしょうか。

自分が「お客様」になってみる

どんな商売でも、お客様の立場になって考えるということが最も大事なことです。しかし、実際に自分が「お客様」になってみないと、本当にはわからないことが多いのかもしれません。心底から理解しようと思ったら、自分がその立場になってみる。私なら、自分の家を建ててみるということになります。

娘は化学物質過敏症でしたが、一番下の息子も1歳半で喘息の診察を受けています。だから、子どもたちが安心して暮らせる家をつくるというのは、私にとっても切実な問題であったわけです。それなのに、なかなか踏み切れなかった。

私が家族で暮らしていた家は、私が生まれ育った家でもあります。つまり、実家です。明治時代に建てられた家をリフォームしたものでした。父は私が13歳の頃から「家を建て直す」と言っていました。が、結局そのままで、本当に建て直したのは私が30歳の時です。

理由はいろいろあったと思います。父は築百年を超す昔の材木屋に婿養子で入りました。

初代が建てた家を建て直すのは、自分ではなく嫡男でなければならない。それが筋というものだ。もしかしたら、そんなふうに父は考えたのかなと思います。嫡男である私が自分で設計して自分で建てるのが筋だ、と。

私はどこかで、その重みを感じて、先延ばしにしようとしていたのかもしれません。そんな私の背中を押したのは、当時5歳だった娘でした。

「なんでうちの家はこんなに古くて汚いの？　お友だちの家はみんなきれいだよ。恥ずかしくてお友だちを誘えない」

これにはまいりました。私もズシンときましたが、父もどうやら同じだったようです。安定が約束されていない自営業。これから子どもの教育費もかかりはじめるし、二人目も生まれてくる。そうかと思ったら、三人目もできた。ますますお金がかかってくるぞ……。最初は、もう少しお金が貯まってから、現金で建てようかと考えていました。が、子どもの成長は思ったよりも早いのです。それに、先延ばしにすればするほどお金がかかることもたくさんある。

よし、やってしまえ！　お客様は、まさにこういう覚悟をもって、弊社の門を叩いてくれたんだ……。自分の家を実際に建てる際に、相当な覚悟と勢いが必要なことを実感したのです。家をつくる仕事をしていながら、自分で家を建ててローンを背負うということが、わかっているようでわかっていなかった。

モデルハウスを建てただけでは、あまりにも不十分であり、モデルハウスは、あくまでモデルハウス。やはり自分の家を建てる必要がありました。そして実際に新築の家で暮らすようになり、家が健康と密接な関係にあること、決して大げさではなく人生を左右するのだということを、確信することになったのです。

引っ越して二年目、息子の喘息が出なくなる

先ほど述べたように、息子は1歳半で喘息の診察を受けていました。しかし、妻は、その診断用紙を提出することをためらいました。

いつでも出せるから、もう少し待ちたい。もしかしたら、もう少し大きくなれば喘息も治るかもしれない。今、この紙を提出して認定を受けてしまったら、この子は一生「喘息持ち」になってしまう……。抵抗がある、と、妻は言っていたのです。

家を新築する前は、冬になると週に2~3回は県立病院の救急にかかり、ネブライザー

という吸入薬を使いました。息が白くなるくらい寒い部屋。暖房はストーブやファンヒーターを使っていましたが、すぐに灯油がなくなってしまうような状態です。コタツに入ると寒くて出たくなくなるので、トイレも我慢してしまう。冷え切った廊下を通ってトイレに行くのが嫌なのです。

朝のつらさは言うに及ばず、布団から出るのも一苦労。この温度差が、すごかった。暖房をしている時と、していない時の温度差は、相当なものがあったのです。

暖房をしている部屋としていない部屋の温度差にしてもしかり。この著しい「温度差」が、息子の気管支を傷めたのだ、と、私は思っています。

新築の家に引っ越して2年目の冬を迎えたある日、妻が私に言いました。

「そういえば、今年は一回もネブライザーをやりにいってないね。喘息の症状も出ていないし……。もしかして、治ったかな?」

妻にそう言われて、私も、あれ? そういえば大丈夫だな、と気づいたことをよく憶えています。

なんでだろう? 疑問を抱いた私に、妻は、やはり家ではないか、と言いました。

「昔の家は寒かったもの。埃《ほこり》もあったし……。古いけれど、その古さも魅力の良い家だったけど、あの家にいたら、今年も同じようにネブライザーをやりにいってたでしょうね」

私も、率直に、そうに違いない、と思いました。家が変わっただけで、喘息の症状が出なくなる。私は医者ではないけれど、この時の経験と、その後、同じようにアレルギー症状や喘息のあるお子さんのいるお客様のために家を建てた実績によって、家が変われば体も変わるということは、本当だと思っています。

その後、息子は喘息の発作を起こすこともなく、小学2年生からリトルリーグに入り、中学ではテニス、高校では弓道と元気いっぱいに成長しました。大人になった息子の姿を見ていると、思い切って新築したこの時のことを、しみじみと懐かしく思い出します。

あの時の覚悟がなかったら、大人になった息子の姿も、変わっていたに違いありません。

子どもばかりではない。父親の悲しい突然死

家を建てるきっかけが「子ども」である人はけっこう多いものです。

子どもができるから。子どもが成長して手狭になったから。そこに、ぜひ「子どもが安心して元気に暮らせるように」という視点を持ってほしいのです。そして、その視点を持

つことは、私たち大人の健康も守ることになるのです。

大人だから、少しくらいの不調はがまんしてしまう。これが家族を深い悲しみに陥れるきっかけになることも実際にあります。

あるご家族の話です。

年の瀬も押し詰まるころ、遠く離れて暮らしていた子どもたちが冬休みを利用して実家に帰ってきました。久しぶりに家族揃ってご飯を食べたそうです。その翌朝、お父さんがお風呂場で息絶えていました。死因は不明とされましたが、おそらくは心筋梗塞など、心臓にあるのではないかということでした。

その原因は「温度差」だそうです。築40年は経過している古い家でした。そろそろ建て替えなければいけないと、話も進んでいた。いつかやらないと、そろそろやらないと……。そのうちに時が経って、まさかの突然死です。ご家族の悲しみがどれほど深いか、言うに及びません。一夜にして、幸せな団欒が不幸な結末へと変わってしまったのです。

家は、凶器にもなる可能性がある。私は震撼させられました。

ただ新しいだけではダメなんだ。家族が幸せになれるようにしないとダメなんだ。杭を打ちこまれるように、この言葉が下りてきました。健康を害することが家族の計画を狂わ

温度差が危ない！

せて、不幸になるきっかけになりかねないといっても過言ではありません。それが死に至るような病気ならなおのことです。

もちろん、誰でも年をとれば病気もするし、最後は死を迎えます。しかし、考えられる原因が温度差であるということが問題です。なぜなら、温度差をなくすことはできるからです。

人は誰でも健康な時には、気づきもせず、わからないことがあるということを知りません。その結果、わかりやすいものに左右されてしまう。わかりやすいものとは、お金やデザインといった、目に見えるものです。でも、空気は目には見えません。温度計の数値を見たところで、それが何を意味しているかわからなければ、見ていないも同然なのです。

大切なのは空気。温度差をいかになくすか

人が最も体内に取り込むのは水でも食べ物でもなく、「空気」です。

「休むことなく取り込んでいる空気が、いったいどういう空気なのか」

そうしたことを、家を建てる時に重要視してほしいのです。

単に空気と言っても、温度に湿度、そして空気の質というか、清らかさ、清潔感があります。

まず気にしたいのは温度です。冬場に部屋の温度差が大きいと血圧が急に上下してしまいます。血圧の急な変化はヒートショックをもたらす危険性を高くします。ヒートショックとは、急激な温度差により血圧が激しく変動することを言います。

特に危険なのはトイレとお風呂場です。トイレも脱衣所も、たいていは温度が低く寒い状態にあります。昔の古い家は、外気が1度くらいだとすれば、脱衣所は5〜6度くらいです。そこから一気に40度のお湯に入ると、その差は35度にもなります。この温度差が血

圧の急激な上昇をもたらし、脳出血を起こして倒れてしまう。

日本ではヒートショックによる入浴中の事故死が年間1万9千人以上にものぼると言われています。厚労省が出している「人口動態統計」に「不慮の溺死及び溺水」という項目があり、ここで推計を知ることができます。

ちなみに交通事故死は年間5千人を下回るようになってきました。ということは、入浴中のヒートショックによる事故死は、交通事故の約4倍にもなるというわけです。年齢層としては、全体の78%が65歳以上の高齢者層になります。

「人が健康に暮らすための適温がある

また、部屋の温度が18度未満になると、呼吸器系や循環器系などの疾患リスクも高まるといわれています。健康を保つ理想的な部屋の温度は21度で、少なくとも18度以上にすることによって疾患のリスクは減少すると考えられています。つまり、「温度差をできる限り少なくすること」と「適温を保つこと」、この二つがカギを握っているわけです。

先ほど述べたように、今や家の中で亡くなる人は交通事故による死亡の4倍にもなるのです。年齢とともに血圧が高くなり、血液がドロドロになり、血管の柔軟性も失われていきます。そこに部屋の温度差が一気にのしかかれば、動脈硬化や心筋梗塞などを起こしかねません。

現在は、トイレに行っても、お風呂に入る時も、極力心臓に負担をかけないような家づくりができる時代です。にもかかわらず、そうした家づくりをしないというのは、私に言わせれば無責任どころではありません。非常に罪作りなことであって、勉強不足ではすまされないとしか言いようがありません。

お風呂やトイレが冷えている。台所が寒くて家事がつらい。こうしたことは断熱性能が低いために起きてきます。おおむね築25年以上前の家は断熱性能が極めて低い可能性が大きいと言えます。

温度差をなくせばいいのなら、暖房で補えるではないか。もちろんそうです。しかし、断熱性能が低ければ低いほど暖房は効きにくくなります。その結果、莫大な暖房費がかかってきます。

また、断熱性能の低い家は、どうしても室内温度にムラができてしまうため、たとえ暖房しても足元はひやっと冷たく、頭が熱くてぼーっとしてきます。健康のためには頭寒足熱が大事だということは多くの人が知っていると思いますが、そのまったく反対の現象が起きるのです。これは、家自体が冷えているためです。

人の体は、家の床や壁、天井の温度によって、体感温度に差が出るようになっています。寒い日は、壁、床、天井、窓に熱を奪われてしまうため、体感温度が下がります。

最近のエアコンやファンヒーターは一目で温度がわかるようになっています。室温が25度にもなっているのに、まったくそのあたたかさを感じるどころか寒くて仕方ない……という経験はありませんか？　これが寒い日に冷えた壁、床、天井、窓に熱を奪われてしまった状態です。

エアコンが効かない夏

寒さだけではなく、暑さにしても同じです。このところの夏の酷暑は、過去に体験したことがないくらいになってきました。エアコンをつけてもまったく涼しくないという声があちこちから聞こえてきます。これもやはり断熱性能のせいです。

暑い日は熱をもった壁や床、天井、窓からも熱を受けてしまうため、涼しいと感じるほ

夏でも冬でも快適な家！

どの体感温度に、なかなかならないのです。
確かに、夏は温度差があってもヒートショックにはつながりにくいのですが、熱中症のリスクが生じます。断熱性能を高めれば、冬は少しの暖房で快適に過ごすことができ、夏は日よけと少しの冷房で涼しく過ごすことができます。断熱性能については次章でも詳しく述べますが、窓など開口部の断熱も非常に重要です。
冬場はほとんどの家庭が結露で悩まされています。結露がカビやダニ、シラミなどの原因となり、アレルギー体質の人を苦しめることになります。
しかし、開口部の断熱性能を高めることによって、結露がほとんど生じなくなるのです。

もちろんクリーンな空気を保つことも可能です。

断熱性能を謳《うた》った住宅は相当数になりますが、そのうちのどれくらいが開口部の断熱性能をしっかり高めているかは、はなはだ疑問です。

このような「住まいの空気」については、実は、ほとんどの方が意識されています。リフォームや建て替え前後に、住まいの不満をアンケートした結果、暑さや寒さ、結露、そして光熱費について不満を抱いていることがわかりました。

今、暮らしている家が、夏は暑く冬は寒く、暖房を入れると結露してしまう。それが不満だというのです。しかし、その割には、いざ建てようとなった場合には後回しになっているのです。そして結局は後悔しています。実に残念と言うべきでしょう。

今いる家で暮らしている時の不満が、まったく改善されていないことになります。

「その家は、あなたを守ってくれる家ですか？

家に帰るとホッとする。大なり小なり誰もが感じていることだと思います。それは潜在的に「家＝自分を守ってくれる器」という意識があるからでしょう。これも当たり前すぎて、あらためて考えてみようと思う人は極めて少ないと思います。でも、本当に、「家＝自分を守ってくれる器」が当然と言えるのでしょうか。

今の家は、何か起きた時、つまり、災害が起きた際にも、あなたを守ってくれますか？ それだけの能力を持っている家であることを、論理的かつ具体的に説明することができますか？

あらためて問われてみると、自分の抱いている家に対する信用が、実はとてもあやふやなものであるということがわかると思います。

昨今は地震も台風も大型化、巨大化しています。ゲリラ豪雨に猛烈な竜巻。地球環境の変化に伴い、日本の気候も大きく変わってきています。それは、これまでの家づくりでは対応できないということを物語っていると私は考えます。

多くのハウスメーカーが、たとえば耐震基準などについて、「国の基準を上回っている」ということを、まるで確固たる安心材料のように定義していることが気になります。

国の基準を上回っていれば、それでいいのでしょうか。そもそも国の基準とは、どの程度の自然災害に対応可能なのでしょうか。私は、こうした基準というもの（これも当たり前と受け止められがちなものですが）に対して、鵜呑みにせずに自分で勉強して調べるようにしています。

ローコストデザイン住宅は、本当にローコスト？

何年か前になりますが、誰もが知る有名なデザイン系住宅を１０００万円台で建てているローコスト系フランチャイズの営業担当者と話をしたことがありました。その際、「この家の断熱等級はいくつですか？」「耐震等級はどれくらいですか？」といった基本的なことをあえて聞いてみたのです。

営業担当者は一瞬迷った後で、「耐震等級ですか？　ええと、１ですね」と答えました。断熱等級については、「グラスウールが入ってるから大丈夫ですよ」との答え。

では、そのグラスウールが入ることによって、どれくらいの断熱性能になるのかと、さらに重ねて聞いてみました。

「今の家なんて、昔と比べたらかなり良いですよ」

まったく答えになっていないのです。

私はつい、「ダメだな、そんなことも知らないのか？」と言ってしまいました。耐震等級1は最低基準です。建築基準法でも1以上でなければ不可となっています。もし本当に営業担当者の言ったとおり「耐震等級1」ならば、その見た目がすばらしく格好いいデザイン系住宅は、「最低基準の家」ということになります。

ちなみに弊社では耐震等級相当以下の家は絶対につくらないことにしています。命を預ける家なのです。たとえ国の基準が1であっても、最高等級にするのは当然だというのが私の考えです。

私はさらに言葉を重ねました。

「断熱性能も、この家の場合、既存不適格になってしまいますよ。お客様は35年もローンを組んで払うのに、数年後には『建ててはいけない家』ということになる。ずいぶん不幸な話だと思いませんか？」

「すみません……」

営業担当者は小さくなって謝りましたが、謝ったところでもう家は建っているのです。いったい、どうするのでしょうか。

しかし、一方では、安いからと頼むお客様もいることも確かなのです。そのようなお客様からすれば、むしろ私のような考え方の工務店など願い下げなのかもしれません。

ドライな言い方になってしまいますが、最後は自己責任であるわけですから……。もっとも、そうは言っても、近年はマンションといわず戸建てといわず、「住まい」に関する訴訟は増えているのが現実です。

もちろん、これはピンからキリまである家づくりの中で、「キリ」の部類です。それでも、あまりにも衝撃的な話ではないでしょうか。安いからといって、本当に何十年というローンを組んで、家を買うことができるのでしょうか。

あくまで自己責任として、承知の上で購入するというのであれば、それも一つの考え方ですが、何かあれば訴訟を起こすかもしれないという考えが少しでもあるのなら、最初にきちんと理解しておかねばならないのではないでしょうか。

シロアリは土台から家をダメにしてしまう

耐震等級や断熱性能ばかりではありません。家を土台からダメにしてしまう大きな原因として、無視できないのがシロアリです。

たとえば、どんなに耐震強度が高かったとしても、シロアリ対策をしていなかった場合、当然ながら経年により耐震性は低下していきます。

シロアリなら建ててからメンテナンスすれば良いではないか。そう考える人は少なくないでしょう。しかし、こうした目に見えないところをしっかり考慮できる人は多いとは言えません。

さらに言えば、建ててから定期的なメンテナンスでお金をかけなければならなくなるくらいなら、最初からある程度しっかりしたものを建てて、その後はお金をあまりかけずに安心して暮らすことができたほうがいいのではないでしょうか。

どんな自然災害にも絶対に壊れないと保証できるほどの「完璧な家」をつくることは、実際問題としては無理です。しかしそれでも、10年先、20年先を見据えて、可能な限り「完璧に近い家づくり」をしたい。今も、未来も、安心して住めるような家づくりを私は目指していきたいのです。

ここは、どうしても曲げるわけにいかないところで、「家づくり」に携わる以上は、なんとしても貫いていかねばならないと思っています。それができないくらいなら、私は家をつくる資格はないと自分自身に言い聞かせています。

さらなる省エネ性能が義務化された

環境問題に詳しい人ではなくても、昨今の異常気象を思えば、それなりに危機感を抱くのではないでしょうか。

夏の日中の暑さは殺人的と言えるほどですし、夜になっても気温が下がらず眠れない日々が続くという状況は、心身の健康を間違いなく蝕んでしまいます。

一方で冬の寒さと豪雪、これも過去にあまりないほどの厳しさとなってきています。平成30年は東京で数十年ぶりの零下４度を観測しました。厳しい寒さの影響でインフルエンザやノロウイルスが猛威を振るい、家族全員がダウンという家庭も少なくなかったようです。

環境問題というと、専門家か、あるいは一部の意識の高い人が取り組むべき問題といった「対岸の火事」のような受け止められ方がされているようです。しかし現実には、すでに一人ひとりがその影響を受けているのであり、そうである以上は、もはやすべての人が自分自身の問題として受け止めても良いのではないかと思います。

すでに10〜20年前から、「省エネ住宅」や「エコハウス」ということが謳われてきましたが、実際のところはどうかと言えば、言葉だけが一人歩きしていると言ってもいいかもしれません。

もちろん「省エネ住宅」「エコハウス」と言いながら、まったくそうではないということではありません。簡単に言ってしまえば、まだまだ中途半端であり、本当の省エネか、エコかと言われれば、首をかしげるしかないということです。つまり、「省エネ」「エコ」の基準が低いのです。

これまで国が進めてきた省エネ法が、平成29年3月31日には廃止され、新たな法のもとで、さらなる省エネ性能を求めた家づくりが義務化されているのをご存じでしょうか。平成29年といえば、昨年のことです。では、それ以前に建てられた「省エネ住宅」「エコハウス」はどうなるのか？

当時の国の基準に準じていたとすれば、もはやアウトということになります。「省エネ住宅」「エコハウス」として建てたのに、現在の基準を満たさないために、もはや普通の家となってしまうわけです。

これからは省エネだけでなく「創エネ」も必要

先ほど述べたように、私は国の基準というものに疑問を抱いてきたので、省エネやエコに関しても、国家基準を上回るようにしてきました。そのため、新たな基準値となっても、建てた時と変わらず「省エネ住宅」「エコハウス」なのです。

正直なところ、従来の省エネ基準が廃止された時には、ホッとしたものでした。そして、自分たちが今まで大事にしてきた考え方と、それをもとに行ってきた家づくりは間違っていなかったと確信しました。

こうした「待ったなし」の環境問題を踏まえ、これからの家づくりはどうあるべきか。それは「省エネ」であると同時に「創エネ」でもあるということです。

消費エネルギーの小さい家であると同時に、太陽光発電システムなどを導入してエネルギーを創り、みずからまかなうことができる家。

自家発電ができると、経済的にも負担が軽くなり、なおかつ災害時にもライフラインがすべてストップする事態を防ぐことができるなど、安心材料が増えます。そればかりか、

ガマンがいらない「創エネ」の家へ！

「快適さ」を
追求したシステム
自家発電ができるなど
省エネにも貢献

省エネ・創エネを取り入れることが「快適な住み心地」にもつながっていくのです。

これまでの省エネやエコは、どうしても「快適さ」という点が不十分でした。それが改善されたばかりか、非常に進歩したということができるのです。

簡単に言ってしまえば、「省エネ・エコ＝少しの我慢を強いる」のがこれまでだったとすれば、「省エネ・創エネ＝快適」ということになったわけです。

「介護」の問題も待ったなし

環境問題と並んで「待ったなし」なのは介護の問題です。読者の中には、もうすでに介護をしている方もいるかもしれません。あるいは、近いうちに、かなりの確率で介護をすることになるだろう、という方もいらっしゃることでしょう。

実は、私は地元の地域で最初に福祉住環境コーディネーターの資格を取得しています。

いつごろだったか、超高齢化社会という言葉が頻繁に聞かれるようになるよりもずっと以前から、いつかはそんな時代が来るだろう、という思いがあり、「その時代」に備えるためにコツコツ勉強をしていました。そして実際に、福祉住環境コーディネーターの資格が役立つ日が訪れたのです。

ある日突然、お母様が倒れてしまい、そして、そのまま車椅子になってしまった……そんなお客様から依頼があったのです。

「今の家では在宅介護が難しいんです。介護住宅を建ててもらえませんか？」

この言葉からは、とにかく介護がしやすいようにという「介護する側」からの視点があります。介護は毎日のことなので、それはもう切羽詰まった問題です。

バリアフリーにして、介護を少しでもラクにしてほしい。こうした言葉からは、バリアフリーにすることが介護の負担を減らすことだという認識が読み取れます。しかし、その当時（そして恐らく今も）、バリアフリー住宅といえば、せいぜい「玄関や床などの段差をなくし、動線に沿って手すりを付ける」といったものでしかありませんでした。

私は、これではまったく不十分で、介護がラクになるとしても、その度合いは少しだけだろうと考えました。さらには、ここがとても重要なのですが、介護する側と介護される側の気持ちのバリアをなくさないことには、本当のバリアフリーとは言えないのではないかと思いました。

考えてみれば、「介護される」というのは、かなりつらいことではないでしょうか。

人の手を借りなければ何一つできない。

自分の気持ちの赴くまま好きなところに出かけていきたいけれど、それもできない。車椅子を押してもらえるよう頼むしかない。

トイレやお風呂の問題はもっと深刻ですね。本当は下の始末なども自分でしたいと願うものでしょう。介護される側には、常に「申し訳ない」という思いがあるはずです。

そして、介護する側は、日々の介護の負担から心の余裕をだんだんなくしてしまい、介護される側の「申し訳ない」という心理を、つい忘れがちになってしまうものでしょう。

ここに介護する側とされる側の心理のバリアができてしまうのです。

介護がしやすい家

・自分で好きなところへ行ける

・家族に負担をかけない

・リハビリも家の中でできる

「本当のバリアフリー住宅とは

では、具体的にどうすればいいのかということになります。介護される側と、介護する側が、ともに明るい気持ちになるためには、介護を必要とする人が「自分でできることを増やす」ということが一つのキーワードになると思います。

たとえば車椅子でも、誰かに押してもらわないと移動できないとなれば、介護する方も、されるほうも負担になります。しかし、できる限り自分で動けるようにすれば、介護される人は「自分で好きなところに行ける」「負担をかけなくてすむ」ということで嬉しくな

ります し、介護する側も負担が減るばかりか元気な顔を見ることができるようになり、やっぱり嬉しいでしょう。

車椅子に乗った人が一日中見る世界が、部屋の窓越しに見える景色だけになったりしないように。

自分の意志で外に出ることができるように。

リハビリも家の中でできるように。

こうしたことを一つひとつかたちにしていくことが、長寿社会を迎えた日本の、本当のバリアフリー住宅であると考えます。もちろん、介護を必要とする期間ができるだけ短くてすむように、健康を維持できる、未病のうちに対策がとれる、ヒートショックの危険性が低い「健康住宅」であることが前提です。

「木の家」というコンセプト

安心して暮らせる安全な家。

小さな子どもから親も、おじいさんおばあさんも健康に暮らせる家。

自然災害から限りなく命を守る家。

環境を守るために小さなエネルギーで快適に暮らせる家。

できるだけ元気に長生きして、最後は数年の介護だけですむような「ピンピンコロリ」を実現できる家。

介護をする人もされる人もラクな家。

ここまで、「これからの家づくり」について、以上のようなことを述べてきました。

家に求められること、求めていいこと、家にできることというのは、実はいろいろあり、たとえば、「家を通じて健康をお金で買うことができるのではないか」といったことを述べてきたつもりです。

さらに、弊社「桶市ハウジング」という千葉県佐原にある小さな工務店が、「桶市の家づくりといえばこれだ」という、絶対外すことのできないコンセプトがもう一つあります。

それは、「木の家」です。そんなものまったく珍しくない、どこのハウスメーカーでも謳っているじゃないか。そう思われても仕方ありません。実際、大手ハウスメーカーをはじめ多くのメーカーが近年の自然志向に応えるかたちで、「木の家」とか「天然の家」といった住宅を打ち出しています。

しかし、そうした自然派健康住宅のうち少なからぬ数が、安価な輸入材を多用しており、品質よりも見た目優先・イメージ優先に傾斜していると言わざるを得ないのが現実です。木のことをわかる人が見ればわかってしまうものです。私も材木商の四代目として、代々「木」に携わってきた立場ですから、その違いは一目瞭然です。

天然木といっても、その品質は?

もっとも、家づくりを始めた当初は、恥ずかしながら「木」というものに、そこまでこだわっていなかったというのが正直なところです。それだけに、大手ハウスメーカーが「天然木」として使用している木材が、どういった品質で、どこのものかということも、それほど興味はなかったのです。それが一変したのが、定年を迎えたある方から「最後の仕上げとしての家づくり」を頼まれた時でした。

その方は地元の小学校の先生でした。しかも、その昔、私の父と学校のPTAで一緒に活動していたこともあったということでした。当然ながら弊社のことも知っていました。

「桶市さんなら間違いないだろうと思って」

このようなありがたいお言葉をいただいたのです。私は、そこまで「天然木」にこだわりを持っていなかったことを恥じました。

その方は木の家が大好きで、丸太でつくったログハウスの別荘も持っているほどでした。これまで暮らしてきた家はすっかり古くなり、リフォームも考えた。しかし、リフォームはどこまでいってもリフォームでしかない。子どもたちも独立して、もう夫婦二人。「これが最後の家づくり、仕上げだよ……」、そうしみじみと語ってくれました。

「木造の家のハウスメーカーを見に行ったけど、木の家とは名ばかりで、私が思うような本物の木の家ではないんだ。材木屋さんなら、しっかりしたものをつくれるんじゃないか？　ましてや小長谷さんのところなら、と思ってね」

小手先のデザインではなく、色を塗るわけでもなく、素材のまま、そのままの質感を生かした、品格のある木の香りいっぱいの家。正直、若造の自分にここまでのことを託してくれるのかと、身も震えるような思いがしました。

「本物って何なんだ？」

あらためて突きつけられた気がしたのです。

「本物の木の家」に住みたい

契約をいただいて、着工を待つ間にお正月を迎えました。元旦の朝、どさっと届いた年賀状の中に、そのお客様からのものがありました。

そこには直筆でたった一文、

「本物の木の家に住みたい。それが私の願いです」

そうありました。重い言葉でした。まさに腹にずしっときた感じです。しかしそれは、私自身の覚悟を決める言葉になりました。それからというもの、「本物の木の家に住みたい」という言葉そのものが、桶市ハウジングの家づくりの根っこになったのです。

不思議なことに、それ以来、弊社の扉を叩いてくれるお客様のほとんどが、「本物の木の家」「ずっと住み続けたい家」を求めるようになったのです。いえ、本当は最初から、どのお客様も「本物の木の家」「ずっと住み続けたい家」を求めていたのかもしれません。

私は気づいていたつもり、わかっていたつもりでいながら、その実、そこまで心を向けていなかったのかもしれないと今では思います。

お客様の年賀状

本物の木の家に住みたい。
それが私の願いです。

見た目ではない家。10年後には目に見えて傷むような家ではなく、住み始めた頃の快適な住み心地が長年続く家。お客様が求めているのは「仮住まい」ではなく、「終の棲家」だということに、ようやく私も心底気づくことができたのです。

「終の棲家」というと、先のお客様のように定年退職された方というイメージがあるかもしれませんが、実際は年齢に関係なく求めていると言っても過言ではありません。30代でも最後まで住み続けたいという方もいるのです。

30代で生涯住み続ける家となると、平均寿命からすれば50年は暮らせる家でなければならないということになります。そうなってくると、当然ながらお客様も真剣に「見た目よりも長持ちする良い家」を求めてきます。

こういう関係、つまり、「良い家を求めるお客様」と「良い家をつくりたい私」がご縁で結ばれることは、非常に幸せなことであるとつくづく思っています。

神社仏閣を引き合いに出せるか

ここで、あらためて木造建築について述べてみたいと思います。

日本の建築物は、もともと木と紙と土など、日本にある天然のものを使ってつくられてきました。それが日本の風土に最も適していて、日本人もやはりそうした建築材料を使った家で暮らすのがいちばんだということを、多くの人がなんとなく感じているのではないかと思います。

日本の伝統的な木造建築といえば、神社仏閣があります。なかでも法隆寺は1300年もの歴史を誇り、世界最古の木造建築とも言われています。そうしたことから、しばしば「木造建築＝長持ちする」ということの引き合いに出され、大半の人が、「やっぱりそうだよね」と納得します。

でも、考えてみてほしいのです。法隆寺に人は住んでいますか？

冬の法隆寺に行ったことのある人は、なかに入るとすきま風が吹いて、しんしんと冷え込んでいたと記憶されているはずです。でも、どんなにすきま風が吹こうと冷え込んでいようと、神さまも仏さまも文句は言わないし風邪も引きません。ご飯をつくることもなければ、風呂を焚くこともない。人の体からは大量の水分が出ますが仏像は汗をかくことはありません。

もしも法隆寺が「高気密高断熱寺院」で、しかも大勢の僧侶が暮らしていたとしたら、10分の1の130年と持たなかったかもしれません。つまり、人が住む限り、炊事やお風呂、そして人の体からも水分が発生する、そう、湿気が出るのです。

だからこそ湿気を吸ったり吐いたりして湿度を調整する木材は素晴らしい。そう世間一般で言われていますが、しかし、そのためには吸った湿気を吐き出しやすい状況を意図してつくらなければなりません。

雨に濡れてしまった木材を乾かすためには、浅積みして通風をよくするなど工夫をしないと腐ってしまいます。そのまま放っておいても、木が勝手に水分を放出してくれる、などと甘いことではないのです。私たち材木商は、こうしたことを身にしみて知っています。

樹種や産地によって木材の性質はかなり違う

また、木材は樹種や産地によって、その性質はまったく異なります。乾燥した土地で育った木と、湿地で育った木では、おのずから違うのです。ゆえに、その土地に見合った樹種を、最適な産地から選び出す必要があります。

残念なことに、現在の大多数の木造住宅は、木材の使い方や樹種の選び方を理解しているとは言いがたい状況です。にもかかわらず、「木造住宅＝長持ちする」ということをアピールしています。そして、その裏付けとして神社仏閣を引き合いに出しているのです。木材の専門家でもある私からすれば、やはりおかしいとしか言いようがありません。

私は消費者や施工者に対して、木材をしっかり選ぶことの大切さを訴え続けています。「木の家がいい」「木造住宅は長持ちする」と言うためには、素晴らしい木材、長持ちする材料を用いる必要があるからです。

具体的には、やはり国産の桧や杉は日本の気候風土に適しています。もし輸入木材で代替するのであれば、アメリカ産のヒバと、同じくアメリカ産の松くらいでしょう。

高温多湿の日本で、薬剤に頼ることなく50年間、住み続けることのできる木造住宅を建てようと思えば、建造材は国産を中心に使う必要があります。

材木についてとことん学び、施工方法も研鑽し、徹底的に品質を重視するのでないならば、法隆寺を引き合いに語ってはならない。私は、そのように自分自身を戒めています。

従来の高断熱・高気密住宅の実態

日本では今も各地に江戸時代に遡るような古い家があります。私の地元である佐原にも、伊能忠敬の屋敷が残っています。こうした日本の家は、農家にしても、あるいは京都の町屋にしても、高温多湿の夏を基準につくられていました。風通しを良くして、いかに涼しく過ごせるかというところに重点が置かれていたのです。

私の生まれ育った家も明治時代の建築でした。家のどこをどんなふうに風が通り抜けていくかということを、肌で感じて育ったと言っていいかもしれません。

しかし、冬の寒さは半端ではありませんでした。古さが原因ではないのです。夏涼しいということは、冬は寒いということにならざるを得ないのです。

つまり、伝統的な日本の家は夏涼しく冬寒いということです。しかし、当時の技術では、家を長持ちさせるためには、そうするほか仕方がありませんでした。そして、その後も長らく、日本の住まいの中で受け継がれてきた「自然の気候を大切にする」というあり方を取り入れることが何よりだと考えられてきたのです。

しかし、時代とともに技術も向上し、省エネルギー化が進むに従って、冬をあたたかく過ごすことのできる高断熱高気密住宅が主流となりました。それまで夏が基準だった日本の家が、今度はまったく反対に、冬を基準につくられるようになっていったのです。

高断熱化が進んだことは結構なのですが、ただ分厚い断熱材を入れればよいというような考え方も出てきてしまいました。その結果、適切な防湿工事がなされないまま、室内結露の問題へとつながっていったのです。

湿気、水分というのは、建築物を傷める大きな原因です。それまでなぜ日本の家が夏を基準に建てられていたのかを思えば一目瞭然のことです。冬仕様の家にした際に、まるで夏を基準にしていた理由をすっかり忘れ去ったような事態が起きてしまったと言っていいでしょう。省エネルギーを謳っていながら、住宅の寿命を縮めてしまう工事が行われるようになったのです。

家を建ててもたちまち傷んでしまう。しかも、結露がカビやダニなどの原因となり、アレルギーや喘息などを引き起こすようになってしまった。

高気密住宅が増えたからアレルギーも増えた、すきま風が吹くくらいの家がよかったのだ、などとまで言われるようになりました。それはさすがに行きすぎた考え方だと言わざるを得ません。

断熱材・断熱工事はまだ発展途上

しかし、このような時代を経たからこそ今があるのです。つまり、断熱と結露の問題が浮き彫りとなり、ようやく適切な防湿工事や、断熱と気密の関係および換気の大切さというものが認識されるようになったというわけです。

ただし、どのような断熱材を用いて、どのような断熱工事を行うことが最適かということに関しては、現在でも十分な考慮がなされているとは言えないかもしれません。

技術的なことに関しては次章に譲りますが、単に断熱材を使って断熱工事をしたというだけでは、まったく不十分であり、どういう断熱工事をしたのかということが非常に重要です。しかし、どのような断熱材が、どのような工法で使われているかということを知る人はほとんどいないでしょう。どうしたって目には見えない部分だからです。

そのため、モデルハウスを何十軒と見学したところで、断熱工事については知ることはできません。営業担当者に断熱についてどうなっているかという質問をすることはできても、一般の人の大半が、その説明について真に理解し、かつ納得することはできないでしょう。

せいぜい、なんとなくわかったような気になれる……といった程度だと思います。それを思えば、本来なら、見学会は建築途中でも行うべきなのです。完成してしまったら決して目にすることができない構造部分を、お客様にしっかり確認していただくことが、信頼にもなり、安心にもなっていくわけですから。

見えないところも見せる見学会

そのようなわけで、弊社で行っている見学会は、あえて未完成の段階、工事中の家の見学会も行っています。家が完成してからでは決して見ることのできない部分をしっかり見

心地いい空気感を実感できる「杉の家」

てもらう。もちろん、これは自信があるからできることです。

これが弊社の家づくりです。さあ、見て、触って、体感してください。

そんな気持ちで見学会を行っています。家を建てようと考えている人はもちろん、そうでない人も予約なしで来ることができます。

特に弊社オリジナルの注文住宅「杉の家」は、本物の天然木造住宅の匂いを胸いっぱい深呼吸していただき、さらっとして心地いい空気感まで実感していただけるようにと考えています。

木の質感、断熱の構造、換気や温熱環境のしくみ、特許技術に関わるところまで、すべて包み隠さず公開し、質問にも積極的に答えるようにしていますし、お客様が納得できるまで話そうと心がけています。

たまにはお客様のふりをして専門業者が来ることだってあるでしょう。たいていは一目見ればわかってしまいますが……。それでも私は他のお客様と同様に接しています。技術的なことを盗まれる危険があるかもしれない、などという不安を抱えたことはありません。むしろ、同じことができるのであれば、やってみてほしいとさえ思ったりしています。

いい家をつくるメーカーが一つでも増えるのなら、それはお客様にとって良いことだからです。

最も大切なのは「住み心地」

もちろん完成住宅の内覧会も行っています。工事中の見学会が「見えないところを見ていただく」という点によりシフトしているのに対して、完成住宅の内覧会は「住み心地」を実感していただくということに重点を置いています。

家づくりで一番大事なことは、なんと言っても「住み心地」です。

そんなのは実際に住んでみないとわからないのではないか、と思われるかもしれません。

でも、実は、信じられないかもしれませんが、家の中に一歩入っただけで、多くの方がわかってしまいます。「わかる」というよりも「感じる」といったほうが正確です。なぜなら「住み心地」は「どんな心地がするか」ということですから、理屈ではなく、五感で感じるところが大きいからです。

特に私は「空気」ということにこだわった家づくりをしているからなおさらなのです。夏は遮熱でまるで高原のようにさらっと涼しい空気を感じていただけるでしょうし、冬はふわりとした自然なあたたかさを感じていただけます。がんがんに暖房を効かせているわけでもないのに、木の床や畳を裸足で歩くことができる。

お風呂場やトイレ、キッチンと水場に行っても、ひやっとした感じがありません。なかには、「久しぶりにホッとした」「リラックスした状態というのがどんな感じか思い出した」とまでおっしゃる方もいます。

弊社にやってくるお客様は、「いろいろな住宅メーカーをまわったあげく、ここにたどり着きました」とおっしゃる方が大半です。喘息やアレルギー、化学物質過敏症の悩みをお持ちの方、あるいは、過去に脳梗塞や何らかの心臓発作など、脳や心臓の疾患を経験された方だったりします。

家は、ただ新しいだけでもダメなのです。ただ新しい家にしただけではダメだった人がいるからです。古い家をリフォームしただけでもダメなのです。リフォームしたところで、ダメだった人がいるからです。

私は、そういう人にこそ、ぜひとも見学会に来てほしいと願っています。

モデルハウスで無料宿泊体験

見学会とともに「住み心地」を最も実感していただけるのは、なんといってもモデルハウスに宿泊していただくことです。

モデルハウスをつくった経緯はすでに述べたとおりです。いっさい宿泊費はいただかず、無料で宿泊体験をしていただいていますが、特に冬場の体験をおすすめしています。12月～2月いっぱいという寒い期間は、特に木の自然なぬくもりを感じていただくことができるからです。

こうして建築中の家、完成した家の内覧会、さらにはモデルハウスの宿泊体験を通して、実はもう一つ、重要なことをお伝えしたいと思っています。

無料で宿泊体験もできるモデルハウス

それは「本物の木の家に住む覚悟があるかどうか」ということです。

「木の痩せ」や「塗り壁の縁切れ」と言われる現象があることをご存じでしょうか。

縁切れとは、簡単に言えば隙間が空くことです。冬場の寒い時期は空気も乾燥します。するとこの時期、自然素材の家や本物の木の家は、「木の痩せ」「塗り壁の縁切れ」が生じるのです。

モデルハウスの建築から、すでに17年余りが経過しました。その間に、このような自然の木特有の現象ももちろん起きています。

数年前、ある業界雑誌から「木の痩せ」や「塗り壁の縁切れ」についての取材を受けました。その時の取材の主旨は、「本物の木の家に住む際の心構えというか、知っておきたいこと」でした。

キッチンやシステムバス、洗面化粧台の入れ替えリフォームなどを数年前に行ったものの、それ以外は何一つ手を入れていません。年に一度、床のワックス掛けと、ウッドデッキの塗装をする以外は、まったく新築当時と同じ状態です。

大黒柱には大きなひび割れが入っています。モデルハウスには七寸角の杉の大黒柱が二本立っているのですが、むき出しの状態になっているため、四方から柱を見ることができます。そして、その柱には見事なひびが入っています。この写真が、雑誌に大きく使われました。

柱は割れるもの

通常は「背割れ」を入れる処置をして、ひび割れが無駄に出ないように細工をするのですが、私は、モデルハウスではあえてそれを行っていないのです。なぜなら、割れたいように割れれば良いと思っているからです。

珪藻土や漆喰で塗られた壁も、木との取り合いの部分には、木が痩せるとともに塗り壁が収縮するため、隙間ができています。しかし、これもそのままです。そのままにしておいても、特に問題はありません。

また、私の自宅は築19年あまりですが、やはり柱は割れていますし、塗り壁にはひびが入っていたり、隙間ができています。歩くと床がキシキシ鳴るところもありますし、ものを落としたり、引きずったりした跡が無数についていて、傷だらけです。こうしたものが、むしろ経年による味わいとなっています。「自分と一緒に年をとってきたんだな」と思えたりもします。

木も家の材料として、徐々に姿を変えながら生きているのです。

これが「本物」だということです。本物の木は乾燥すれば痩せるし、湿気を持てば膨らみます。使い続ければ傷もできる。

乾燥剤を使っていないのではないかと言う人もいますが、今の時代、そういうことはありえません。おおむね含水率15~18%以下の材木を使用するのが当然のこととして義務づけられているのです。

しかし、材木として乾燥できるのはそこまでで、実際に家の材料として使われることになると、エアコンなどの冷暖房により、冬場は含水率が9%程度にまで落ちます。それで、さらに痩せてしまうというわけです。

さらなる空気の乾燥により、木の芯にまで乾燥が及べば、割れるのは当たり前です。そして、乾燥が進んだということは、木の強度が上がったことをも意味します。だから、割れてもいいと言うことができるのです。木が割れるのは自然の摂理です。時には10円玉が差し込めるくらいの隙間ができることさえあります。

木の家に住む覚悟

このところの自然志向で、木の家が好き、自然素材の家に住みたいという人は確実に増えています。しかし一方で、木の痩せや隙間ができること、塗り壁がひび割れたり、縁切れを起こして隙間ができることを嫌がる人が少なくありません。

残念ながら、木や自然素材が起こす痩せや隙間、ひび割れができてしまうことを受け入れられない人は、本物の木の家、本物の自然素材の家に住むことはできません。しつこいようですが、モデルハウスは木の痩せによる隙間が生じて、柱は割れていて、塗り壁の縁切れもあり、無垢の一枚板でつくった階段の段板も反っています。

なぜ、あえてそのままの状態にして、隠さずに見せているかということを考えてほしいのです。それこそが「本物」であり「自然素材」なのだということ、さらには、そういう家に住むには、そうした経年による変化を受け入れていく覚悟が必要だということを伝えたい。自分が年を重ねていくように、家も年を重ねていく。そんな気持ちで家とつきあってほしいと願います。

集成材、建材、クロスなどの工業製品や化学建材でつくられた家というのは、新築時が最高に美しい。しかし、そこからだんだんと古びていってしまいます。しかし本物の自然素材でつくられた家は、経年により「風合い」を醸し出していくのです。はっきり言って新築時よりも数年後のほうが、風格と品格が出てきて、実に味わい深い趣になります。

このようなことを心から理解して、そして、だからいいのだ、と思えるかどうか。

本物の木の家で暮らす覚悟があるかどうか。

そこをしっかりと考え、理解していただいたお客様のために、全力で良い家をつくりたい。これまでも、そしてこれからも、決して変わらない桶市ハウジングの基本姿勢です。

第2章

安心して住める家づくり

ルーツは代々続く老舗材木店

少し前から、百年企業という言葉が使われるようになりました。読んで字のごとく創業百年以上となる老舗企業のことを言います。日本は老舗の多い国ですが、その数は世界トップクラスどころか、他国の追随を許さないと言っていい状況です。

創業百年以上となる老舗企業は2万6000社にも上るとも言われます。さらに、個人商店や小企業を含めた場合、10万社以上と推定されるという報告もあります。

驚くのは、その中には千年以上の歴史を誇る老舗も少なくないということです。ご存じの方もいるかもしれませんが、飛鳥時代、西暦578年に設立された創業1400年の建設会社「金剛組」が話題となりましたし、北陸には創業1300年を超える旅館があったり、京都の和菓子屋で1200年の歴史を有する店も注目を浴びました。このような日本の老舗企業の半数近くが製造業であるということです。

なぜこのような話をするかというと、私自身も百年以上の老舗に生まれ、その歴史を四代目として受け継いでいるからです。

桶市ハウジングという会社は、千葉県の佐原で代々続く老舗材木店の四代目となる私が設立しました。

初代の市太郎は桶職人でした。当時、桶は生活必需品で、大小さまざまな桶をつくっていたのです。桶市ハウジングの社名の「桶市」は、初代の市太郎の名前と、桶職人だったところからもってきたのです。やはり、こういう歴史は大事にしたいと思ったためです。

やがて時代とともに木の桶がプラスチック製品に取って代わられるようになっていきました。二代目である祖父が継いだのは、ちょうどその頃です。これからはますますプラスチック製品が優勢になっていくだろうということは目に見えていましたから、二代目は材木店として継承しました。

佐原という町は江戸時代から水運で栄えた町です。人や物資を運ぶ船は、佐原にとって欠かすことのできないものでした。当然、造船業もさかんです。その頃の船は、杉の大木でつくられるサッパ船というものでした。

小江戸・佐原に観光に来たことのある人は、江戸情緒が色濃く残る町並みを船から眺めようと、観光船があるのをご存じだと思います。あの観光船は、サッパ船に似せてつくられたものです。

伝統的な工法では杉の大木が用いられていました。二代目は、サッパ船の材料問屋として、地元の杉の大木を専門に扱うようになりました。私が「杉の家」にこだわるのは、やはり二代目が、地元の良質な杉の大木を専門としていたということと繋がっているのです。

時代はさらに流れ、水運は廃れ、車社会が到来しようとしていました。三代目を継いだ父は、銘木材や建具材の専門店として営業していきました。銘木や建具ですから、そうとうな鑑識眼を必要とします。いわば目利きです。銘木を見極めることができるかどうか、ここに信頼がかかってきます。私の「木を見極める目」は、三代目から受け継がれたものだろうと思います。

四代目からは三本柱で

そして、四代目が私です。それまで必要とされていた建具材は、時代の流れとともにユニットドアをはじめとする工場製品が主流となっていきました。私が考えたことは、これまでのような職人さん相手では限界があるということです。これからは、一般個人のお客様をエンドユーザーとしていかねばならないし、また、そうしたいと思いました。

その結果、材木店というバックボーンを持った工務店であり、設計事務所であり、不動産業であるということで新会社を設立したのです。

現在は、材木商としての小長谷材木店と、工務店・不動産業としての桶市ハウジング、さらに設計事務所という、三本の柱で事業運営を行っています。

老舗というのは、伝統を受け継ぎ、貫いている存在であると多くの人が受け止めていると思います。しかし、伝統を継承していくためには、時代に合わせて柔軟に変化していく必要もあります。むしろ変化し続けるものでなければ、生き残っていくことは不可能でしょう。

初代の桶職人から、現在の桶市ハウジングは、一見、どのような伝統を継承しているのか、わからないだろうと思います。しかし、私なりに先代が大切にしてきたことを何らかのかたちで継承しているわけです。

変化は、継承するためのものでもある。変化することによって継承してきたことと、もう一つ胸を張って言えることは、職人さんが創業当時から変わっていないということです。

桶市ハウジングの社員や職人は、「従業員」ではなく「ファミリー」です。

桶市ファミリーとして、皆で互いに支え合い、協力し合いながら、最高の家づくりを目指しています。

その一方で、協力会や協賛などはつくらないようにしています。桶市ファミリーの絆をしっかりしたものにしたいという思いと、もう一つには、甘えないためです。

お客様は、ご自身の生命を担保に、家を建てるためのお金を借りてきていると言っても過言ではありません。

そのような大事なお金を預かって、私たちは家づくりをさせていただくのです。だから、決して甘えが生じてはならない。一生に一度の仕事に、真摯に向かっていくために、いっさいの甘えは捨てるのです。

毎回、妥協なし、甘えなしの真剣勝負です。

相談から完成まで社長対応

家をつくるとなると、まずは何はともあれ相談です。お客様が、どんな家をつくりたいのか、何を求めているのか、これまで暮らしてきた家のどこが良かったか、そして、どこが不便で居心地が悪いと感じていたか。とにかく、とことん話をすることです。

こうしたお客様との打ち合わせは、通常ならば営業担当者が行います。しかし、弊社の場合は、初めてのご相談から営業、打ち合わせ、設計、見積りまで、ほとんどを私が一貫して行います。なぜなのか。その理由は簡単です。営業マンがいないからなのです。

そのため、これまでもまめな営業訪問はしてこなかったですし、したくてもできないというのが実情です。ただし、お呼び立ていただいた場合には、すぐさま飛んでいくようにしています。そして、お約束をいただいたお客様とのご相談やお打ち合わせを最優先しているのです。

最初の相談から、かなり雑談が多いのが私の特徴です。なぜ雑談ばかりするのだろうかと、首をかしげるお客様がいらっしゃるのも、もちろんよくわかっています。しかし、具体的な家に対する要望とともに、私が知りたいのは、お客様の、そのご家族の「個性」なのです。

どういう個性を持ったご家族なんだろうか……。

私はここを見極めようとしています。そして、その個性をしっかりつかんだ上で、具体的な要望とすり合わせながら、家の設計やデザインを決めていくようにしているのです。

他愛もない話が実は大切

逆に、お金の話は、ほとんど出てこないといっても過言ではありません。実はこれもお客様が不安に感じたりすることは承知の上です。

住宅メーカーであろうと工務店であろうと、まず「いの一番」に出てくるのがお金の話です。家づくりに限らず、どんなことも予算ありきですから、当然と言えば当然です。

そこをあえて私は、自分からタッチしないようにしています。場合によっては、お客様に丸投げしているだけではないかと言われてしまうのだと思いますが、弊社に家づくりを依頼してくださったという時点で、ほぼ全幅の信頼をもって携わらせていただこうと思うのです。

このような姿勢について、あるお施主様から言われたことがありました。

「他のメーカーは、とにかくお金の話に始まり、お金の話に終わったのだけれど、桶市さんからは、だいたいいくらくらいでできるか、その程度の話しかなかったね。私を信じてくれているんだと、嬉しく思いましたよ。でも、怖くないんですか、そんな商売の仕方をして」

もちろん、まったく怖いと感じないかと言われれば、そんなことはありません。家を建てたはいいけれど、お金を払ってもらえなかったらどうするのか……。人間ですから、そんな不安がよぎることだってまったくないとは言えません。

しかし、かっこづけみたいに見えてしまうかもしれないのですが、それでも私はお金の話は必要最低限にして、本当にお客様が求めている家、お客様が求めていた以上の「住み心地」を提供できる家をつくりたい。

すべてはお客様のために。この心意気を失わないためにも、他愛もない話もたくさんしながら、お客様に最後まで寄り添って家をつくりあげたいのです。

「注文住宅「杉の家」を名乗る以上は……

桶市ハウジングのこだわりは、やはり「木」です。桶職人から始まり、材木商を営んできた老舗の歴史と伝統を私も背負っている以上は、「木」に関して言えば、どこにも負けないくらいでいたいと思います。それにはもちろん「木」に関する膨大な知識と、選ぶ上での経験、そして、選び抜いた良い木を存分に生かす覚悟といったものが必要になります。

さらに言えば、「木」の中でも、やはり「杉」には特にこだわりたい。

弊社の注文住宅は、「杉の家」という、非常にシンプルな名前です。そして、そのシンプルさが何を意味しているか、五感で感じて理解できるような家づくりを目指しています。

具体的には、杉の家は、構造材に地元産の樹齢80年以上の杉の一本物を使用します。そう、その昔、サッパ船でも使用したような、大きな杉の一本木です。それも、寒くて乾燥した冬場の時期に切り出された杉の木だけを、一本一本浅積みして、自然乾燥させたものだけを好んで使用します。

バラバラの木材をかき集めて圧着したものを集成材と言いますが、基本的にこれはほとんど使うことはありません。

また、内装材として使う「木」も、ほとんどを国産にしています。

最近の自然素材を売りにした住宅のほとんどが外国産の木を使用しています。輸入したものというわけです。弊社があくまでも国産にこだわるのは、木は生き物だからです。

日本には特有の季節感があります。これだけ季節がはっきり分かれている国はそう多くはありません。このような日本独特の気候に適しているのは、やはりそうした気候の中で育ってきた国産の木の右に出るものはありません。

さらに言えば、外国産は木が若く褪せるのが早いのに対して、国産の木は、美しい経年変化を起こします。黒光りするような存在感のある古い木造建築を目にしたことはありませんか？　それこそ百年もの年月が経過した農家の屋敷などに、素晴らしい経年のつやや色合いを見ることができます。

使い続け、住み続けていくうちに、ますます風合いと気品が増して、奥深い魅力を醸し出すような家が理想的です。

床も壁も天井も、すべてが呼吸する

自然素材である木と相性が良いのは、やはり自然素材ということになります。日本では昔から、木と紙と土とで家をつくってきました。これら木と紙と土とが、それぞれ個別に存在するのではなく、適度に存在感を主張しながらも、美しい調和をもたらしている、そんな空間づくりを心がけています。

床には桧や杉の一枚板を使い、白い珪藻土の壁と杉無垢羽目板仕上げ。床も壁も、天井も、すべてが呼吸している家です。

家に入っただけで、ホッとする。そんな、どこか懐かしい感じのする癒しの空間をつくろうと全力を注いでいます。このなんともいえない安らぎは、見せかけやブームというだけの「自然素材」ではなく、「本物の自然素材」だからこそ、住む人に与えることができるのだと信じています。

また、近年、構造体の内部結露が問題となっていますが、これをなくすために、壁内のグラスウール断熱を全廃しました。その代わりに使用しているのが、吸水性のほとんどない高密度ポリスチレン断熱材です。これを標準仕様にして壁内通気工法を取り入れ、時代が求める断熱構造に標準対応させています。

このように徹底した本物の自然素材と、その良さを最大限に引き出す工法によって、極めてきれいな「空気」を実現しました。

「まるで高原で食事をしているみたいです」

これはお施主様の言葉です。このような「空気」に対するお言葉を、かなりたくさんいただいています。

徹底的な自然素材へのこだわりを最大限に生かす工法については、この後で詳しく述べていきますが、花粉も除去する高性能24時間換気システムによる全館換気計画を、一棟一棟、それぞれの家に応じる形で設計しています。

ちなみに、この高性能24時間換気システムは、花粉症や気管支炎、喘息、アトピー性皮膚炎の症状緩和にも一役買っているようです。

「外断熱・二重通気の「ソーラーサーキットの家」との出会い

弊社では、木造住宅関連の特許技術、断熱・気密・構造など、数多くのノウハウを取得しています。

さらには、今からおよそ18年前の２０００年2月から、夏爽やかで冬はじんわりとあたたかい、「ソーラーサーキットの家」を契約し、つくり始めています。

もっとも、最初は営業力強化のために導入しようと考えていただけに過ぎません。

その当時の住宅業界は工法の時代でした。今では当たり前になってしまった「省エネ」「高断熱」という言葉が出始めた頃で、各社が差別化のためにさまざまな工法を打ち出してきていました。弊社でもＯＭソーラーやエアサイクルといった工法の家と相見積りにな

ソーラーサーキットの家の概念図

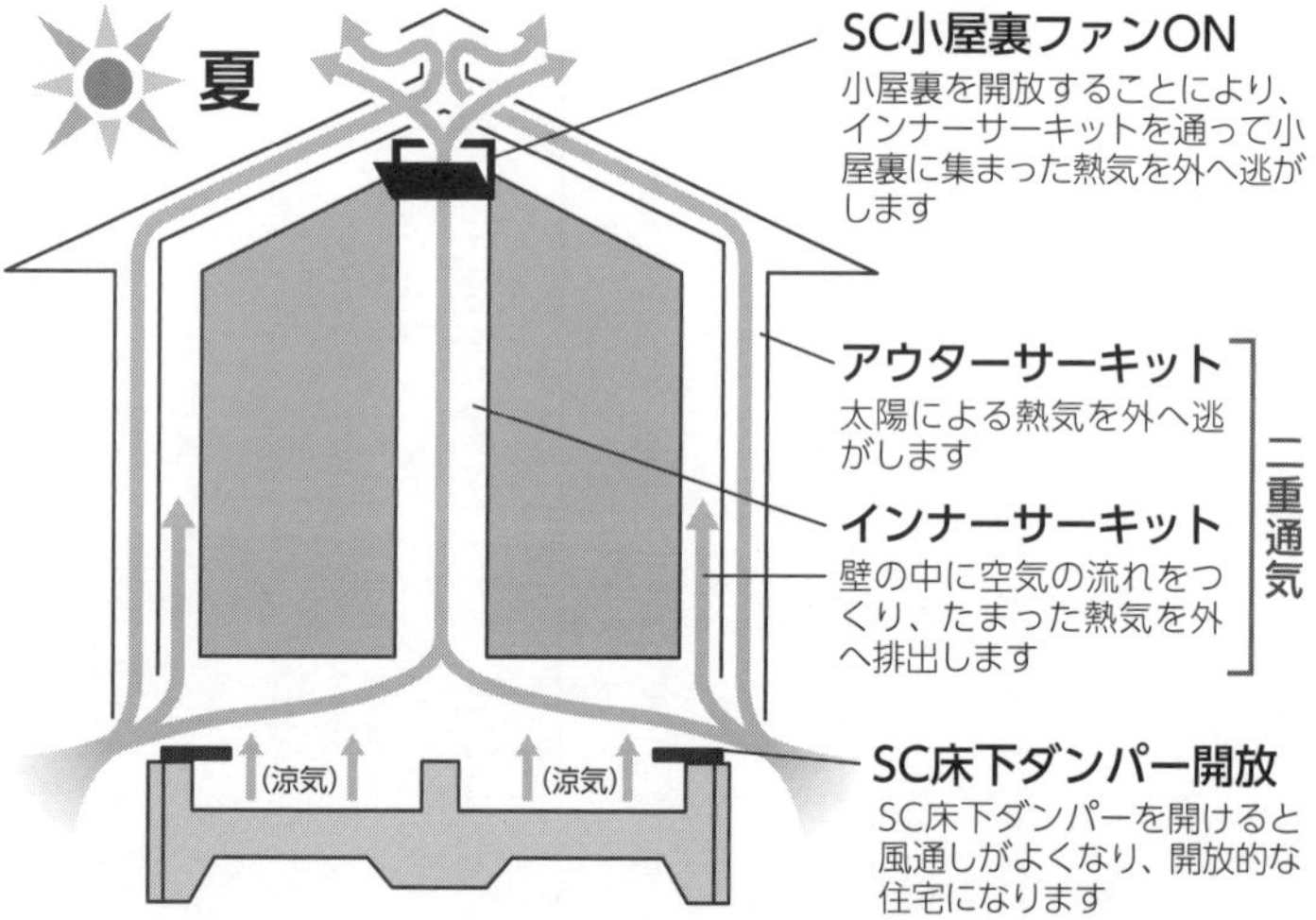
夏
SC小屋裏ファンON
小屋裏を開放することにより、インナーサーキットを通って小屋裏に集まった熱気を外へ逃がします
アウターサーキット
太陽による熱気を外へ逃がします
インナーサーキット
壁の中に空気の流れをつくり、たまった熱気を外へ排出します
二重通気
(涼気)
(涼気)
SC床下ダンパー開放
SC床下ダンパーを開けると風通しがよくなり、開放的な住宅になります

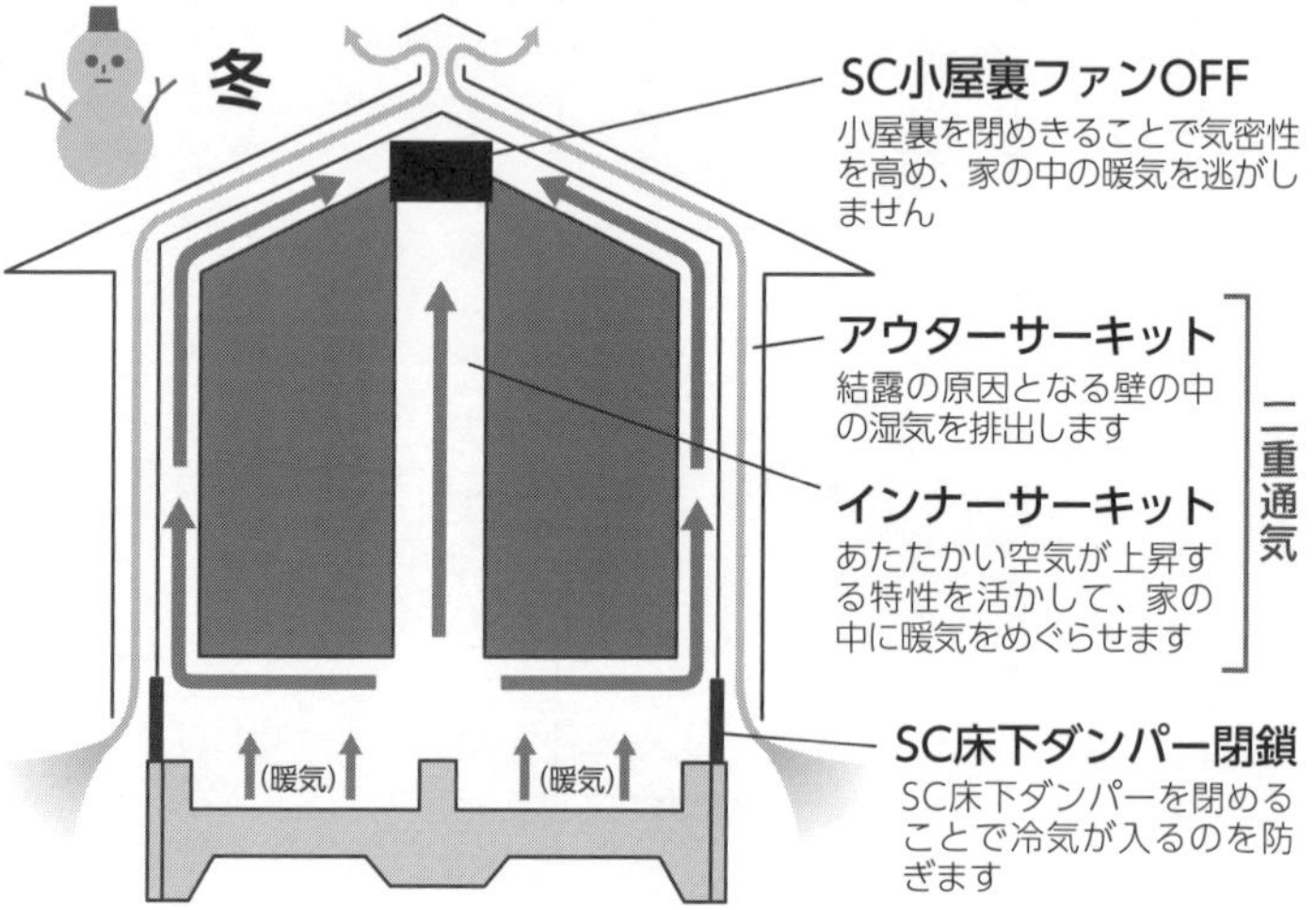
冬
SC小屋裏ファンOFF
小屋裏を閉めきることで気密性を高め、家の中の暖気を逃がしません
アウターサーキット
結露の原因となる壁の中の湿気を排出します
インナーサーキット
あたたかい空気が上昇する特性を活かして、家の中に暖気をめぐらせます
二重通気
(暖気)
(暖気)
SC床下ダンパー閉鎖
SC床下ダンパーを閉めることで冷気が入るのを防ぎます

ることが多くなっていました。

基本性能を大事に考え、省エネや高断熱は当たり前、その上で老舗材木店ならではの特徴として、良質な材木を使って地元の職人たちで手づくりする家……。もはやこれだけでは差別化が難しくなってきたのを、私自身、ひしひしと感じていました。

「人が着替えるように家も着替える」

ちなみに、ちょうどその頃は、省エネ・高断熱という性能が重視されるとともに、「断熱と気密は表裏一体として考えなければ結露の問題が生じてしまう」ということも言われ始めていました。高気密高断熱住宅の到来と言えます。

物事には必ず裏があるという考えを持っていた私は、高気密高断熱住宅が、果たして一番良い工法なのだろうか？　という疑問を抱いていました。

その時に、取引先から紹介されたのが、外断熱・二重通気のソーラーサーキット工法だったのです。この工法は当時の私にとって、まさに理想的な工法としか言いようがありませんでした。

高気密住宅と、そうではない昔ながらの風通しの良い住宅が、まるで合体したかのようです。一軒の家でありながら、季節に応じて高気密住宅にしたり、風通しの良い住宅に切り替えることができるのです。

日本には四季があるので、一年を通して快適に暮らす方法は、どうしても季節ごとに異なってしまいます。しかしソーラーサーキット工法は、良い意味であいまいさがあり、そうであるがゆえに、一年を通じて快適に暮らすことが実現できるのです。

簡単に言えば、人は暑いと感じれば上着を脱ぎ、シャツのボタンを外して腕まくりでもして、「ああこれで涼しくなった」と過ごしたりします。寒ければ上着を羽織ったり、あるいはセーターでも着て、あたたかくして過ごします。そういうことを家がしてしまうわけです。まさに私にとっては理想的でした。

もう少し具体的に述べましょう。少し専門的な話になりますが、住宅の断熱性能を表す単位を「U値」と言います。U値が大きいほど住宅の断熱性は高いことを示し、寒冷地などでは、当然ながらU値の高さが快適な住み心地を表すものとなります。

しかし、日本のように温暖で多湿な気候では、単にU値が高いだけでは快適な住み心地にはつながりません。床下・壁・天井に断熱材を詰め込み、室内側を防湿フィルムで覆うという、かつての木造軸組工法をそのまま高断熱高気密化した住宅では、高温多湿の時期はとても快適とはいえない状況になってしまいます。つまり、夏には気密性が邪魔になってしまうのです。

高温多湿の春から夏にかけては、むしろ従来の日本家屋が持っていた通気性を、工法によってもたらすことはできないか？　それを考えた結果、「家は第三の皮膚」という発想をもとに、夏場は通気性のある家に切り替える工法技術が開発されたのです。

人間にとって衣類は「第二の皮膚」と言われています。衣服を着たり脱いだりすることによって体感を調整し、快適でいられるようにしています。同じように、家も寒い時には防寒できるよう高気密にして、暑い時には爽やかに感じられるような通気性をもたらしていくものにする。これがソーラーサーキット工法なのです。

最もほしかった外断熱工法

ソーラーサーキット工法の最も優れているところは、外断熱工法と言えます。そして、この外断熱工法こそが、私のほしかったものでした。

当時、家の構造をきちんと勉強していた作り手であれば、断熱性、耐久性、耐震性は、そこそこしっかりしていました。しかし、断熱性を上げれば上げるほど、内外に温度差が生じ、見えない壁体内の隙間や断熱の弱い部分に結露が生じてしまいます。見ることのできない壁体内で起きる結露をどうにかできないかということが課題でした。

一番シンプルでわかりやすい答えは、断熱材を壁体内に入れなければいい、ということです。つまり、家の構造体の外側から、すっぽりと吸水性のきわめて少ない板状の断熱材で囲ってしまうのです。

安全に、隙間なくきれいに断熱ができる。

当時としては非常に珍しい工法です。ソーラーサーキット工法の、二重通気もさることながら、外断熱工法は、それ以上に私の心を惹きつけました。

そして実際に、この工法から得られる住み心地は、驚きの連続だったのです。

お客様が教えてくれた「快適な住み心地」

繰り返しますが、最初は単なる営業強化が目的でした。

差別化できる高性能な家を安全につくりたい。

見えない壁体内結露とサヨナラしたい。

もっといい家をつくりたい。

このいずれもが、私たち作り手側の理由です。「住み心地」「快適性」ということは、ひと言も触れていませんでした。そうしたことは人によって個人差があるため、その人にとって「良い」という感覚など、千差万別ではないかと思っていたのです。

ところが、一人、二人と、ソーラーサーキットの家に住む人が増えてきて、実際に暮らしているお施主様たちが「住み心地」「快適さ」を口に出し始め、私の思いも次第に変わってきたのです。いえ、変わっていかざるを得なかったと言っていいでしょう。

なかでも、古くて寒い家に住んでいた年配のお施主様たちは、わかりやすい言葉で快適な住み心地を伝えてくれました。

寒くない。

あったかい。

空気がきれい、空気がおいしい。

体がラクになった。

動くのがおっくうにならない。
花粉症の症状が軽くなった。
喘息の発作がなくなった。
風邪を引かなくなった。

「いい家ってなんだろう」、それを教えてくれたのは、結局、お客様の側だったのです。安心して暮らせる安全な家、快適な住み心地を謳いはじめたのは、それからでした。最初は、当時の地元工務店の建てる家の相場観からすれば、とても高価な工法の家でした。それでも、その家の性能を求める人は後を絶たず今に至ります。特に、過去に心臓や脳に疾患を経験した方、ヒートショックが原因で突然死を身近で経験されている方、そして、アレルギー、アトピー、喘息などの疾患がある方々です。

ソーラーサーキット工法とは

住み心地というのは感覚的なものですから、住む人によって異なるのは仕方のないことです。それを考慮した上で、あえて言うのであれば、自然な快適さを感じることができるのが、快適な住み心地と言えるのではないでしょうか。

たとえば夏ならエアコンをつけっぱなし、冬はヒーターを消すことができない……これは、自然な快適さとは程遠いと言えます。

暑いと感じたら上着を脱いだり、軽くエアコンを入れる。寒いと感じたら、セーターを着て、少し暖房を入れる。このように一つの住宅の中で、自然に近いかたちで快適な住み心地を実感できるのがソーラーサーキットの考え方です。

その結果、開放型と閉鎖型をドッキングした、外断熱・二重通気工法となったのです。

外断熱とは、基礎・屋根、そして柱や梁などの壁の軸組の外側を断熱材で隙間なくすっぽりと包み込んでしまう断熱方式です。

それに対して内断熱は、柱の間に断熱材を押し込むもので、どうしても隙間が生じます。外断熱にすることによって、外の熱気を遮断する能力が格段にアップします。

そして、二重通気とは、断熱材の内側と外側に二つの通気層を設ける構造です。内側がインナーサーキット、外側がアウターサーキットと呼ばれています。

開放型にする時には、床下のＳＣダンパー（開閉式の通気口）と、ＳＣ小屋裏ファンを運転し、外の空気を床下からインナーサーキットに取り入れます。そうすることによって、夏に壁内に溜まりがちな熱気を外に逃すことができ、室内に自然な涼感が生まれます。閉鎖型の時は、ダンパーを閉めることによって、外気を完全に遮断します。そうすることによって、冬場の室温を安定的にあたたかく保ち、室温低下をやわらげるほか、足元ばかりが冷えるといった現象が緩和されます。

冬でもそれほど暖房を入れていないのに、裸足で過ごせるようになったという方が大半です。

この外断熱と二重通気を含め、ソーラーサーキットの家は、いくつかの主要な特徴があり、これらが組み合わさることによって、絶妙な住み心地を実現しています。ごく簡単に述べた外断熱と二重通気を含め、快適な住み心地を実現する工法について、以下にまとめておきましょう。

①外断熱……家全体をあたたかく。同時に結露を防ぐ

外断熱について、あらためてご説明します。次ページの図をご覧になるとおわかりいただけるように、外断熱とは、基礎から壁、屋根に至るまで、ボード状断熱材ですっぽりと覆い尽くします。このように家全体を包み込むような工法を用いることにより気密性も非

「外断熱」の概念図

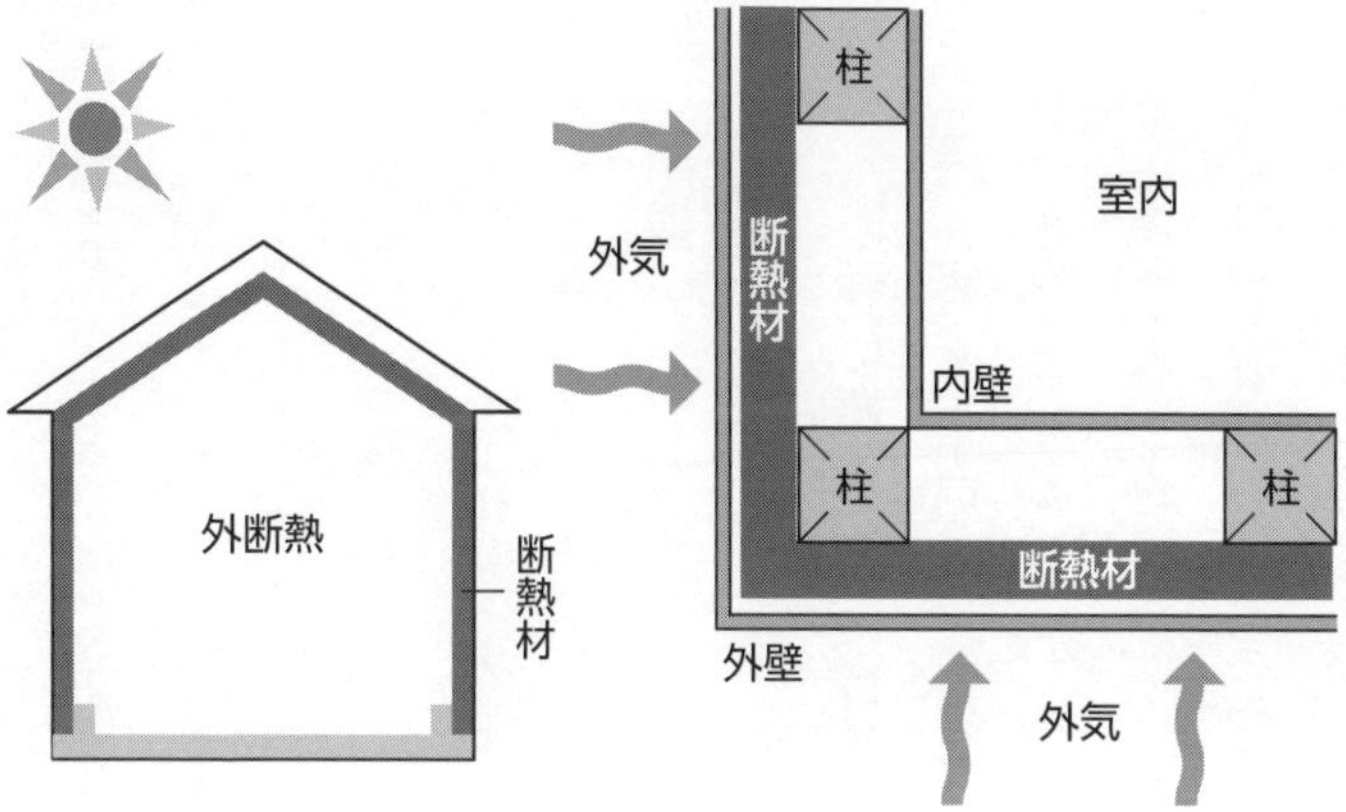

常に高くなります。その結果、家全体があたためられるようになります。

第1章で述べた「温度差」と、それがもたらすヒートショックのリスクは、かなり軽減できます。

具体的には、暖房をしている居室はあたたかくても、廊下やトイレ、お風呂、台所など暖房を入れていない場所は極めて寒いという状態から、家中、どこへ移動しても、温度差が小さくなる……ということになります。

また、いくら暖房を入れても床がひやっとすることが普通に起きていますが、これも抑えられます。北陸や東北など、寒い地方にお住まいの方でも、裸足で暮らせるようになったというほどです。

さらに、結露が発生しにくくなるというところも、外断熱が優れている点です。結露は室内と壁内の温度差が大きいほど発生しやすくなります。温度差が出るたびに結露が発生する事態が繰り返されると、ダニやカビなどの原因になるだけでなく、家も傷みやすくなります。

人の体にやさしいことは、家にとってもやさしい。こう述べても過言ではないでしょう。

ちなみに断熱の工法としては、基礎が内断熱である工法や、壁だけが外断熱というのが一般的ですが、このような工法はどうしても断熱材に切れ目ができます。断熱材の切れ目がある部分は結露が発生しやすくなり、そこから家も傷んでくることになります。

②二重通気……空調に頼らない、自然に近い状態で過ごせる

二重通気とは、床下と小屋裏に開閉ダンパーをそれぞれ設け、さらに、内側にインナーサーキットを、外側にアウターサーキットを設ける工法です（88ページの図参照）。

インナーサーキット、アウターサーキットとは、簡単に言えば風の通り道、通気層です。この通気層を断熱材の外側と内側の両方に設けることによって、壁の中を空気が循環している状態が生まれます。しかも、暑気や湿気を外に逃がし、適宜、外気も取り込みながら、

室内環境を爽やかに整えるのです。

外断熱に加え、この二重通気を取り入れることによって、二重通気のない一般的な外断熱の家に比べて、暖房機器やエアコンに頼る度合いが格段に減ってきます。冷暖房費がかからなくなってくるのはもちろん、空調に頼らない、自然に近い状態で過ごせるため、人の体にもやさしく健康的な通気法だと言えるでしょう。

具体的な使用法としては、高温多湿の夏場は小屋裏ファンを動かし、床下のダンパーを開きます。床下ダンパーを開けることによって風通しがよくなり、インナーサーキットを通って小屋裏に集められた熱気が、小屋裏ファンにより外へ出て行きます。

冬場は小屋裏ファンを止め、床下ダンパーを閉鎖します。すると、床下から冷気が入り込むのを防ぐと同時に、家の中の暖気が外に逃れなくなります。

インナーサーキットはあたたかい空気が上昇する特性を生かして家の中に暖気をめぐらせ、さらにアウターサーキットが壁の中の湿気を外に排出します。

夏はまるで木陰にいるような爽やかさを実感できますし、冬は家中どこにいてもふわりと自然なあたたかさで快適です。温度や湿度が機械的にコントロールされているのではなく、あくまで自然の力を借りながら調節しているというのが特筆すべき点です。

③気密性能を高める一層張り仕様

外断熱工法によって気密性はかなり高くなりますが、相欠きのある断熱材を使用することで、より確実に実現することができます。

気密性能を低下させるのは、断熱材の継ぎ目です。ここを丁寧に施工しないと、どうしても隙間ができてしまいます。そこで、ボード状断熱材に「気密相欠き構造」を採用することによって、長期にわたり気密性を保持することができるようになります。

家づくりには、このような細かな工夫と配慮も大切です。

④高性能樹脂サッシが結露を遠ざける

おそらく、10人いたら10人の人が何とかしたいと思っているのが結露でしょう。

外断熱と二重通気で、かなり結露の問題は遠ざけることができますが、さらに高性能樹脂サッシを使用することによって、よりいっそう結露が発生しにくくなります。

高性能樹脂サッシは、たいへん優れた断熱性と気密性を兼ね備えています。スリーチャンバー構造といって、窓枠に3室の空気層を設けることにより、高い断熱性を発揮します。防露性の高い専用のボード状断熱材と相まって、家を結露から守ってくれます。

いつも新鮮な空気を保つダクト式24時間換気

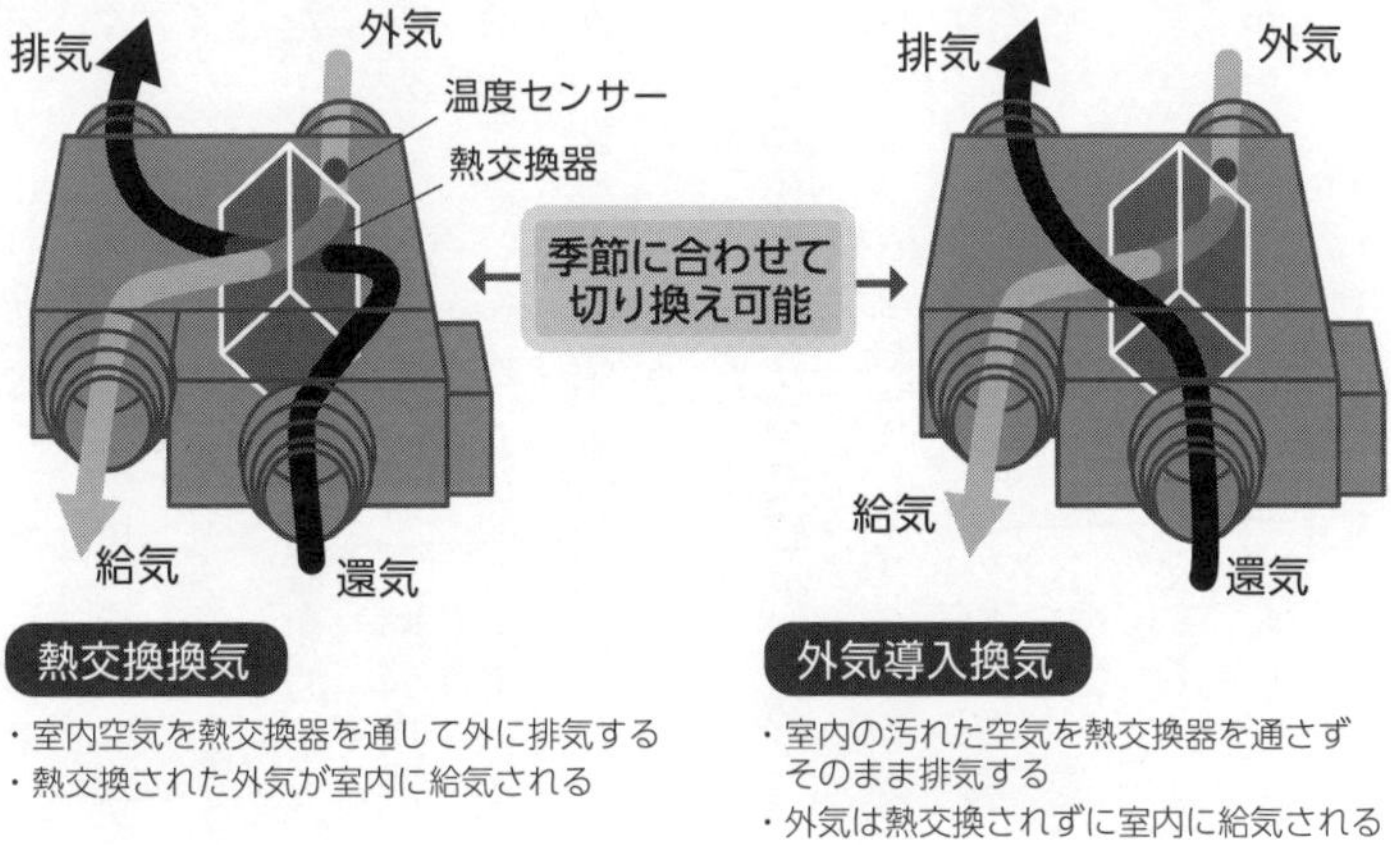

・室内の汚れた空気を熱交換器を通さずそのまま排気する
・外気は熱交換されずに室内に給気される

窓枠に3室もの空気層というと厚みが出るのではないかという心配があるかもしれませんが、枠と障子のスリム化が実現されているため、たいへんスマートな見た目です。

⑤ダクト式24時間換気で常にきれいな空気環境

締め切った室内に入って、空気がよどんでいると感じた経験は、誰しも多かれ少なかれあると思います。実際に空気が滞った状態というのは、イコール汚れた空気と受け止めていいでしょう。

風通しの良い日本家屋で暮らしてきた日本人は空気に敏感で、換気を重要視する傾向にあると言えます。やはり汚れた空気をきれいにする基本は換気です。

ダクト式24時間換気は常にきれいな空気環境を維持しています。居室のみならず、汚れた空気の原因となるシューズクロークや納戸などもダクト配管が可能です。

また、室内空気を熱交換器を通して室外に排気し、熱交換された外気が室内に給気される熱交換換気と、室内空気を熱交換器を通さずにそのまま排気し、外気が熱交換されずにそのまま室内に給気される外気導入換気を使用します。気候に応じて、この二つを切り替えながら使うことができます。

⑥家の長寿化をはかる基礎外断熱

何事も基本や基礎が大切ですが、家づくりにしても、やはり基礎をしっかりすることが大前提です。建物の重さや外気の影響に耐え、突如として発生する自然災害に備えての耐久性など、さまざまな条件下において耐えうる強度のある基礎をつくる必要があります。

ここまでもっぱら「家」という「上物」について述べてきましたが、基礎がどうしようもなかったら、どんなに素晴らしい上物もその価値は半減します。

ソーラーサーキットの家では、外断熱を基礎にも施して、「基礎外断熱」としています。

基礎外断熱とは、文字通り基礎の外側から断熱する工法です。基礎をそのますっぽりと覆ってしまうので、基礎コンクリートの外側表面が外気に触れることがなく、風化しにくくなります。すると、おのずから家を支える基礎の耐久性は向上します。

また、気温にしても外気の影響を受けにくくなるため、床下の温度が安定するようになります。具体的には、夏は涼しい床下を、冬はあたたかな床下を実現できるのです。

⑦薬剤を使わないシロアリ対策

家の基礎づくりとして、シロアリ対策も欠かせません。むしろ最低条件と言っていいでしょう。自然災害が多発するようになったため、家をいかに自然災害から守るかということがよく言われるようになりましたが、実はシロアリによる被害は地震や火事よりもずっと多いと言えるのです。

シロアリは気づかぬうちに侵入し、ある日突然、家を土台から崩壊させかねません。しかし、シロアリ対策となると、従来の工法ではどうしても薬剤に頼らざるを得ませんでした。現在ではクロルピリホスやホルムアルデヒドの使用は規制されていますが、シックハウス症候群の原因はこの二つの化学物質だけではありませんので、お客様は「どちらをとるか」という選択を強いられているのが実情です。

そこを解決したのが、ターミメッシュフォームシステムという工法です。

シロアリの侵入を防ぐとともに、分泌物などにも強いステンレスメッシュを、基礎外断熱部に使用。さらに、侵入の可能性が高い配管の周囲などにも隙間なく敷設します。こうすることによって、シロアリが地中から侵入するのを物理的に阻止するのです。

こうしたステンレスメッシュを用いることにより、薬剤を使わずとも約20年間にわたって有効なシロアリ対策を行うことが可能になりました。

ちなみにターミメッシュフォームシステムは薬剤を使わない物理的防蟻技術として特許を取得しており、さらには、ソーラーサーキットの家にしか施工できないシロアリ対策となっています。

防蟻効果のある断熱材は有効か?

近年は、基礎の外張り断熱用に防蟻効果を謳った断熱材が発売されるようになりました。

この商品を使用すればシロアリの被害は受けないということが言われていますが、本当に大丈夫なのだろうかと私のほうが心配になりました。

やはり何事も確かめてみないことにはわからない、ということで、実は、その断熱材を入手して、本当にシロアリを防ぐことができるのか実験をしてみたのです。

残念ながら、防蟻効果があると謳われていた断熱材は、シロアリに食害されてしまいました。いくつかの断熱材を実験してみましたが、期待通りの結果は得られませんでした。

この数年ほどで、基礎外張り断熱を採用している現場が数多く見られるようになりました。しかし、このような現実を実際に見てしまった私としては、やはり、ターミメッシュフォームシステムなしの基礎外断熱は「怖い」としか言いようがありません。

シロアリ対策としてさまざまな防蟻断熱材が流通するようになりましたが、それに伴い、被害の報告も出始めつつあるようです。

24時間換気システムは止めてはならない

この24時間換気システムは「止めてはならない」というのが大前提です。が、もっと極端な言い方をすると、実は「一生涯換気システム」と言ってもいいのです。24時間365

日、一生動かし続ける換気システム。それが24時間計画換気システムというものです。

しかし、日本人は「もったいない」という気持ち、節約したいという思いがある場合が多いため、どうしてもスイッチを切ってしまうことがあるようです。ともすれば、切れたままになっている家もめずらしくありません。

ここで、換気システムについて、少し専門的な話をさせていただきたいと思います。

住宅に採用される換気システムには、第一種と第三種という方式があります。一般的によく使われているのは、第三種のほうです。第三種は、排気を機械によって行い、給気は自然にするというものです。メーカーや形式によって、若干、仕組みは異なっていますが、排気を機械で、給気は自然に、という点は同じです。

第三種換気システムは、だいたいトイレと洗面所に機械式の排気用換気扇が設置されています。スイッチを切らなければ、常時ゆるやかに排気されている状態です。

家の高気密性能が高ければ、機械で排気されることによって負圧がかかり、自然給気口から外気が引っ張られて入ってくる。これが大前提で設計されているため、トイレや洗面所の換気扇を止めてはいけないのです。

トイレや洗面所、廊下に設置されている排気用の換気扇が止まると、自然給気もされず、空気が留まります。すると、特に梅雨の時期など湿気の多い季節には家内の換気が不足し、結露を起こしたり、カビの繁殖が促される結果になります。

第三種の場合、各部屋にある給気口のフィルター掃除も年に最低でも4回はやっておかないと換気システムの役割を果たさなくなります。理想的には月に一度のフィルター掃除がおすすめです。フィルターが目詰まりすれば当然換気量は不足し、先述の結露やカビの原因になるのです。

安定的でメンテもラクな第一種換気システム

これに対して、第一種換気システムは、排気も給気も機械で行う方式で、最も安定した換気計画が実現可能です。しかも、機械本体から給気と排気の双方がコントロールされているので、フィルター掃除等のメンテナンスも本体一箇所ですみます。他にあるとすれば、せいぜい室内のグリル程度でしょう。

当社のソーラーサーキットの家で標準使用しているダクト式24時間換気システムは、第一種換気システムになります。ただ、残念なことに、これが設置されていれば絶対大丈夫、完璧だと言えるものではないわけで、最低条件として、決してスイッチを切らないでほしいのです。

その上で、お住まいになる時、特に気をつけてほしいことを付け加えておきます。

お風呂場の湿気に注意

乾燥した冬場以外の季節、特に梅雨時や夏場は絶対に風呂場のドアを開けっ放しにせずに、きちんと締めるようにします。そうすることで余分な湿気を家の中に入れることなく、快適に暮らすことができます。

浴室は24時間換気システムの計画から外れている場所です。湿気でいっぱいになった風呂場を少しでも早く乾かそうという思いから、ドアを開けておこうという気持ちはわかりますが、実際は家の中に余計な湿気を入れることになってしまいます。

風呂場から出た湿気は風呂場の中で完結させる。これが正解であり、鉄則です。言うまでもないことですが、お風呂のドアを開けている上、換気システムを止めてしまうというのは、最悪のケースと言っても過言ではありません。

24時間換気システムをつけていても、お風呂のドアを開け放っていいのは冬場の乾燥した季節だけです。むしろ、冬について言えば、最近の高気密高断熱の家は性能が良くなればなるほど乾燥気味となるので、過乾燥対策でお風呂のドアをわざと開け放つという手段を使います。あえて冬場には風呂場のドアを開け放ち、家の中に湿気を入れるのです。そうすることで室内の湿度は一時的に10％ほどアップします。

さらにその上で、私の家ではリビングの一角に設けた洗濯物干しスペースに洗濯物を干して、過乾燥対策としています。夜に洗って干しておくと、朝にはカラカラに乾いています。

新築の家ほど湿度対策が必要

このように、24時間換気システムを入れた家だからと安心しきってしまわずに、スイッチを切らないことと、冬以外はお風呂のドアを開けっ放しにしないこと、冬場はむしろ開けておくこと……などのコツを押さえた湿度対策を行うことは、家の空気を最良に保つためにも、家を長持ちさせるためにも、そして家族の健康の維持管理のためにも大切です。

また、新築の家であればあるほど、こうした心がけを失わないようにするということも重要です。というのも、新築の家は湿度が高いからです。もちろん、立地や施工など、さまざまな条件によってある程度は差がありますが、新築の家は湿度が高いものなのだ、と受け止めておけば、ほぼ間違いありません。

現在の基礎工事はほとんどが、べた基礎工法を採用しています。昔は布基礎といって土台の部分だけにコンクリートが使われていて、立ち上がり内部は砂でした。しかし現在は、床下すべてにコンクリートを打ち込みます。これから家を建てようとしている現場で見たことがあるのではないでしょうか？ 蓋のないコンクリートの箱のようなもの、それが基礎コンクリートです。

コンクリートは水で練ってつくっているため、当然ながらたくさんの水分が含まれています。その水分が完全に抜けるまでには、約1年から、1年半ほどかかると言われています。実際に私のモデルハウスで測量して確認してみたところ、新築後1～1年半は、床下の湿度が70～80％近くありました。梅雨時になると、さらに湿度は上がりました。この状態で1年半が経過した時に、ようやく湿度が50％を切り、現在は40％をキープした状態です。

新築の家の基礎に80％もの湿度があるということは、床下の基礎部分は常に梅雨時みたいなものです。そのため新築住宅の壁はカビが発生しやすく、特に押し入れやクローゼットなども湿気を持ちやすくなるというわけです。

ちなみに、弊社のモデルハウスでは、家の床下、室内、屋根裏などの五か所に湿度・温度計を設置して、30分おきに測定しています。この測定も、すでに5年以上になりました。モデルハウスではありますが、実は、同時に実験棟ということにもなっています。

省エネ・創エネのしくみ

これからの時代に求められるばかりか、個人の生活レベルも向上させる「省エネ・創エネ」という考え方。

ソーラーサーキットの家は少ないエネルギーで暮らすことができるので、当然ながら省エネです。省エネを「少エネ」と置き換えてもいいでしょう。さらに、太陽光発電システムなどを導入することによって、エネルギー消費量の多くを自分たちでまかなうことができるようになります。

では、どのようにして実現するかということを、簡単に述べておきましょう。

①室温調節でさらに快適、無駄もなくす

屋外の気温を感知して、室温の変化をやわらげるシステムとしてSCナビを導入します。冬場など外気温が低い時には自動的に閉じて熱を逃げにくくし、夏場の暑い時には開いて熱がこもらないように外に逃がします。

②家中を効率的に除湿

ソーラーサーキットで採用している第一種換気システムには、高性能除じんフィルターが標準装備されているので、室内に花粉や埃が侵入することを避けることができ、お掃除が簡単になります。また、換気装置内部も汚れにくくなります。

さらに、換気システムと連動するリフレア専用換気ユニットが、24時間換気によって取り込まれる外からの湿気を効率的に除湿します。

③瓦一体型太陽電池

太陽光発電を取り入れたいと思っても、太陽光パネルが場所を取るうえ、見た目も気になるという問題があり、個人では使用に踏み切れないというケースが多々ありました。

それを解決したのが瓦一体型薄膜シリコンハイブリッド太陽電池ＶＩＳＯＬＡです。太陽電池を瓦の代わりに葺くため必要な瓦材も少なくてすみます。その結果、省資源・省コストでの施工が可能となり、工期も短縮することができます。

見た目はすっきりとした落ち着いた色調で家の外観を損なうこともありません。

太陽電池モジュール一枚一枚の電圧を、より高く設定しているため、太陽光を効率よく吸収。少ない枚数でも設置が可能なので、屋根全体ではなく、一部分に設置することもできます。しかも屋根材としての基礎性能に優れ、耐久性が高いため、安心して長く使い続けることができます。

木の選び方で床暖房も不要となる

ここまで工法について触れてきましたが、「木」についても簡単に述べておきたいと思います。

某有名ハウスメーカーで家の新築を決めたお客様から、床材だけ売ってくれないかという相談を受けたことがありました。そのお客様は、家の構造は鉄骨の強いのが良いという要望のため、そのハウスメーカーを選んだのです。しかし、おもに内装材について、ハウスメーカーの仕様では満足できないことがたくさんある。床材はその最たるものだというわけです。

聞けば、その有名メーカーの床は、すべて合板のフローリングだそうです。その代わり床暖房が装備されています。

「フローリングの床は冷たいですからね……」と、思わず私も相づちを打たざるを得ませんでした。

ちょうど事務所に、弊社でよく使う床材が出しっぱなしになっていたので、それぞれの床材の表面温度をレーザー式の非接触型温度計を使って、お客様の目の前で測ってみせました。その際の事務所の室温は22度でした。空気の温度が22度ということです。

それぞれの木がもたらす「温度」

まず、弊社のモデルハウスや、お施主様の家でよく使う、一番人気のある杉の圧密加工した無垢床（オイル加工）を測ってみたところ、表面温度は21・5度でした。つまり、室温とほとんど変わらないということです。

続いて、二番目に人気の桧の無垢床（ウレタン樹脂塗装）の表面温度を測ってみたところ、19度でした。室温よりも3度低かったのです。

さらに三番目に人気の、節のないサクラの無垢床（ウレタン樹脂塗装）の表面温度を測ったところ、17度でした。室温との差は5度にもなります。これはかなり大きな差です。

では、ほとんどのハウスメーカーで標準採用されている合板フローリングはどうかというと、14度にしかなりませんでした。室温と比べると、なんと8度も低いのです。

同じ空間、場所に置いてある床材で、表面温度はこれほどまでに違うのです。これだけ違うと、触るだけでわかります。たった3度でも、その差は体感的には、ずいぶん大きいものです。

このように、杉の床の表面温度は、室温との差がほとんどありません。それは、室温を木がもらい受けているからです。

弊社のモデルハウスは、床も壁も天井も木がいっぱいの家なので、柱や障子などの木の部分の温度も測ってみると、杉の木の部分はほぼ室温と同じです。そうなると、どこに行っても寒くないのです。「あったかい」ではなく、「寒くない」というところが、実に微妙なのですが……。

これはもう体で感じていただくしかないのですが、それでは仕方ないので、理論的な説明をしておきます。

熱を奪われると「冷たい」と感じる

人間の体感温度というのは、「周りの空気の温度+周囲の壁面の温度」×1/2で表すことができます。この方程式に当てはめて計算した結果、数値が同じであるならば、部屋の空気と壁面の温度が近いほうが快適に感じるようになっています。

これは、かなり大事なことです。人が冷たいと感じるのは、なぜなのでしょうか。どういう状態の時に「冷たい」と感じるのか。それは、熱を奪うものに触れた時なのです。温度の低いものに近づいた時に、「冷たい」と感じるようにできているのです。冷たいものを触って冷たいと感じるのではなく、熱を奪われるから触って冷たいと感じる。だからこそ、どんな床材を選ぶか、ここが非常に大事になってきます。

どんな床材を選ぶかによっては、床暖房など必要なくなってしまいます。杉の床が室温とほぼ同じで22度近くもあったということは、十分、裸足で暮らすことは可能でしょう。

家の中で常にスリッパを使って生活している人であれば、それほどの大差は感じないかもしれません。しかし、スリッパを使わずに生活されている方の場合は、床の冷たさは足の裏にダイレクトに伝わります。床に触れている足の裏から体温を奪うから冷たいと感じるのです。

家のあたたかさは家の性能や暖房だけが関係するのではなく、どのような素材を使うのかにもよります。ひとえに「木」といっても、やはりここでも選び方が重要ということを知っていただきたいと思います。

床暖房を使わずにすむ蓄熱暖房機

床材にあたたかさをもたらす木材を用いるほかには、蓄熱暖房機を使用しています。弊社で過去に新築した家の九割以上に設置させていただいています。

蓄熱暖房は、いわば現在における暖炉と考えてもらえればいいでしょう。

電気料金が昼間の3分の1になる深夜電力を利用して、本体内部のレンガに熱を蓄えます。約8時間にわたってあたためられたレンガが輻射熱を放出することによって、部屋の空気をあたためる。まさに現代版の暖炉と言えます。

蓄熱暖房機を使い始める時期は、だいたい11月の半ば頃です。もちろん寒冷地ではもっと早くからつけてもいいと思いますし、温暖な地方では12月になってからでも十分です。あまり早く使い始めると、夜は快適ですが、日中は暑くなりすぎてしまう可能性があります。このあたりの微調整は難しいので、もし日中、暑くなりすぎてしまったとすれば、窓をあけて換気します。

私は毎年11月15日くらいを目安に蓄熱暖房機のスイッチを入れています。設定温度は22

度。実際の室温は設定温度よりも5度くらい下回った数値で推移するので、22度に設定すると、室温は17～18度程度になります。これくらいの温度だと、ポカポカあたたかいというところまでにはならず、寒くないという程度のところです。

そのため蓄熱暖房機だけではちょっと物足りないという方もいらっしゃいますが、その場合は予備暖房としてエアコンや電気暖房を併用しているようです。近年では、蓄熱暖房機の代わりに床下エアコン暖房を検討する家も増えています。先ほど言ったように、蓄熱暖房機というのは深夜電力を使うのですが、近年、深夜電力が年々値上がりしており、エアコン暖房を上手に使う方が電気代が安くすむことがわかってきたためです。

樹脂サッシとアルミサッシの耐久性について

ソーラーサーキットの家では樹脂サッシの採用が義務づけられています。アルミサッシを知っていても、樹脂サッシについてはご存じない方も多いことでしょう。そのため、今でも樹脂サッシの耐久性と耐候性について不安を感じるお客様が少なくなく、質問をいただくことが多々あります。

樹脂サッシは、硬質塩化ビニル樹脂というものでつくられています。樹脂（硬質塩化ビニル）の性質からすれば、アルミサッシと異なり、長期間にわたって使用すると、紫外線や直射日光による劣化が起きるのではないか。質問される方は、ほとんどそのような心配をしています。

結論から言ってしまえば、劣化がまったくないといえば嘘になりますが、サッシとして住宅の素材として使われている間の寿命を考えれば問題ありません。

すでに20年の実績

ちなみに樹脂サッシは新しい素材のように感じられるかもしれませんが、すでに20年以上も住宅に使われています。

また、樹脂サッシを使う際に、デザイン的な面を考慮して色をつけますが、黒やブラウン系は紫外線を吸収するため、若干、劣化が早くなるのではないかと心配される方もいます。一方、白のサッシであっても紫外線により多少の表面劣化があるのではないかと心配されます。

また、熱吸収という点からすると、カラーサッシのほうが熱を吸収しやすいとも言われています。

このように、いろいろな予想や意見が飛び交っているようですが、樹脂サッシはもともとの色も白であるということもあり、わざわざ上からカラーリングすることもないだろうと私は考えています。

細かい話になってしまうのですが、木材にしても、樹脂サッシにしても、またその他の採用されている素材にしても、一つひとつについて、性質をきちんと理解した上で使いたいのです。

全体からすれば微々たる差でしかないとわかってはいるのですが、どんな小さなことでも、お客様に納得いただけるだけの説明ができるようでありたいですし、その上で自信を持ってその素材を使いたいと考えるからです。こうした細かいことの組み合わせが、最終的に家族を守る家という大きなものをつくりあげるのです。

第3章

住み心地ストーリー
「安心な家で暮らせて良かった!」

住むほどに家と健康の密接な関係を実感。シックハウスの症状も、子どもの喘息も出なくなりました

●メーカーの家はどれも同じだと思っていました

40代のEさんご夫妻は、ご結婚後はご両親の家をリフォームして暮らしていらっしゃいました。しかし、そのご両親の家は築30年も経過しており、しかもそのうち10年間は未使用だったとのこと。

家は人が住まなくなると、とたんに傷んでしまうものです。リフォームをしたものの、埃っぽくて冬は寒く、結露も相当なものだったというのもわかります。それどころか、雨漏りがしていて、その雨漏りの水が茶色く濁っており、嫌なニオイまでしたというのです。まだ小学校に上がるか上がらないかのお子さんが二人いて、喘息の症状があることから、さすがにこれはよくないと思ったのでしょう。奥様のほうから家を見にいこうと言い出したということです。

ご主人のほうは、最初は軽い気持ちだったようです。

チラシなどを頼りに、いろいろな家を見にいかれたEさんご夫妻ですが、ご主人は、どの会社やメーカーでも家はそんなに大差があるものではなく、「住めればいい」というくらいに思っていました。工法についても、鉄筋なのか、木造なのか、あるいはプレハブなのかという程度の知識で、しかも、あまりしつこく営業されるのは嫌だと感じていました。ところが、あるハウスメーカーのモデルハウスに行ってみた際に、奥様が室内の匂いで気分が悪くなってしまった。仕方なく、外で待っていて、ご主人だけが見学したそうです。

◆奥様はシックハウス症候群と判明

体調が悪かったのかと思いきや、その後も、たびたびそうしたことが起きるようになり、奥様がシックハウス症候群であることがわかったのです。壁紙などに使われる接着剤に反応してしまったということでした。ということは、アトピー性皮膚炎やアレルギー性の喘息があるお子様たちも、そういう家で暮らせば、つらい症状が出てきてしまうということになります。

もしかすると、住める家はないのかもしれない……と思いはじめたところで、弊社のモデルハウスを訪れてくれました。

ちょうど春先のことで、ご主人には花粉症の症状がありました。しかし、モデルハウスの中を見学しているうちに鼻水がおさまってしまった。奥様も、シックハウス症候群の症状が出ることもなく、不思議な心地よさを感じたようです。

その時のことを、ご主人は後日、次のように語ってくれました。

「とにかくインパクトが大きかったです。妻も具合が悪くならないばかりか、私の花粉症の症状までラクになって。それに、木の香りがとてもよくて、木の家はいいなぁとしみじみと感じました。それまでのモデルハウスでは体験したことのない感覚です。社長さんがソーラーサーキットの特徴をわかりやすく教えてくれましたし、それ以外にも、いろんな話をしました。それが〝いかにも営業〟というのではまったくないんです。自然に話すことができたし、おおまかな金額も教えてもらって助かりました」

家はどれも同じではないのだということがわかったEさんは、家づくりの方向性が「健康」に決定し、急速に前進することになりました。

●契約日が誕生日

Eご夫妻の家づくりは、もっぱらご主人主導で進められました。最初は奥様のほうが積極的だったのに、すっかり逆転してしまったのです。

しかし、奥様も台所は対面キッチン、トイレは1階と2階に一つずつ、階段はリビングの奥には位置したい……等々、要望をしっかり伝えてくれました。

こうした具体的な家づくりの打ち合わせ以前、つまり契約前にも、かなりたくさんのやりとりをさせていただきました。モデルハウスにも体験宿泊していただき、ちょうど梅雨の時期だったので、ジメジメムシムシしない、軽やかで快適な住み心地を体感していただくこともできました。

「実は体験宿泊前から桶市さんにお願いするつもりでした。決め手は社長さんの人柄です。私自身の経験から、大きな買い物をする時には、なぜかいい人に出会えます。まさしく今回もその通りになったんです」

ご主人がこのように話してくれた時には、私もたいへん嬉しく感じました。奇《く》しくも契約日はご主人の40歳のお誕生日でした。

施工中も、かなりしばしば足を運んでくださり、基礎の厚み、木の太さ、密度の違いなども、一つひとつその目で確認していただきました。

◎厳寒期の引っ越しもラクに。子どもの喘息も出なくなりました

完成したのは2月。一年で最も寒い時期です。それでも部屋があたたかいため、引っ越しの作業も苦もなく進み、疲れも気にならなかったようです。

ちなみに、あたたかいのは部屋だけでなく、玄関から入った家全体がふんわりとあたたかい状態になっています。部屋を出るとひやっとするとか、暖房を入れていない部屋との温度差ができるということがありません。

さらに言えば、足元だけが冷たいということもありません。厳寒期に木の床となれば、誰もがひやっと冷たい、嫌な感触を瞬間的に想像すると思いますが、それがまったくないのです。そのため、信じられないかもしれませんが、真冬であっても木の床に寝そべることができてしまうのです。

「あまりの心地よさに家族全員で、リビングのフロアーでごろごろしたんですよ。今でもよくやっていますが（笑）」（奥様）。

二人のお子様は元気いっぱいで、喘息の症状もいつの間にか出なくなったということです。喘息の原因として、やはり「空気」の問題があります。新築の家だとかえって喘息が出てしまうこともあるのですが、これは建材に含まれる化学物質が原因であると考えられます。建材から蒸発した化学物質が家の中に充満していて、それが呼吸するたびに肺に入ってくる。すると、ある時点で、まるで沸点に達したように発作が起きることがあります。

喘息の発作が起きると、肺の壁に傷ができてしまいます。皮膚をすりむいたり切り傷ができたりすると、かさぶたができますが、一度、喘息の発作が起きると、肺の中にかさぶたができるようなものだと言われます。そのかさぶたがまた刺激となって、喘息が起きやすくなってしまうのです。

お子様たちは、喘息が出ることが少なくなっていく過程で、肺がほぼ完全に回復し、その結果、喘息が出なくなったのかもしれません。健康になれば病院代や薬代もかからなくなります。また、光熱費もかなり減ったようです。ご主人は暑がりだそうですが、夏場はもっぱら扇風機。エアコンは一台しか設置しておらず、それも使うのは日中の最も暑い時に少しと、お風呂上がりだけだということです。

「まわりの家は各部屋に一台エアコンをつけているのだから、全然違いますね。光熱費も安くすんでいると思いますよ」（ご主人）

「お友だちが遊びに来た時に、冷房を入れておいてくれてありがとう、と言われたのですが、実はつけてなかったんですよね」（奥様）

●後悔したのは、浴室乾燥機

たいへんご満足いただいてはいますが、後悔したことがないわけではありません。

「浴室乾燥機がもったいなかったです。社長さんから必要ないと言われて、ちゃんと説明もしていただいたのですが、やはりちょっと心配だったのですね。まさかこんなにソーラーサーキットの家がカラっとしているとは思わなかったんです。これはもう、住んでみないとわかりませんでした」（奥様）

確かにお施主様の立場になれば、後からつけるよりは、と思うこともあるのでしょう。夜のうちに室内干しした洗濯物が、乾燥機などを使わなくても朝にはすっかり乾いているということが、なかなか信じられなくても仕方がないかもしれません。

奥様はご自身の経験から、これからソーラーサーキットの家をつくる人には、浴室乾燥機は不要だと伝えたいということです。

また、これまではご両親のところへよく泊まりに行っていたということですが、新しい家で暮らすようになってからは、むしろご両親のほうが泊まりに来るようになったそうです。ご両親にも快適な居心地を実感していただける機会となっていることでしょう。

●子どもの健康を「家」で守る

子どもには元気であってほしい。親なら誰もが願うことです。このご家族のお子様はすっかり喘息が出なくなり、今もたいへん元気だそうです。奥様の体調も良くなり、シックハウス症候群だったのが嘘のようだとおっしゃっています。

弊社でつくらせていただいた家に住んだ人は、「喘息や気管支炎が良くなった」「風邪を引かなくなった」「花粉症が良くなった」……などなど、とにかく「元気になった」と異口同音に話されます。

昨年、地元中学校の運動会を見にいった際、弊社の家に9年間住んでいるお客様に言われました。

「社長さんにお礼が言いたかったんです。うちの子ども、今の家に住んでから、ずっと学校で皆勤賞なんです。前の家に住んでいた時には、風邪を引いたり熱を出したりということがしょっちゅうで、幼稚園も休みがちでした。でも、今、学校を一日も休んでいない。

9年間もですよ。つまり社長さんの家に引っ越してから、ということです」

これは単なる偶然と言えば、それまでかもしれません。しかし、類似したケースが非常に多いのです。それどころか、私自身が自分の息子で経験しています。

1歳半の時に喘息の診察を受け、冬場は週に3〜4回は夜間の救急で運ばれていたような子が、今の家に引っ越してから小学校ではリトルリーグ、中学校ではテニスと元気いっぱいです。喘息だったとは思えません。

病気は家から……。

病気は家で治る……。

科学的根拠を使って説明することはできませんが、私は経験から、ある程度はそう信じることができます。

「子どもは住む家を選べないんですよね」

弊社に家づくりの相談に来た30代の若いお父さんが、こんなことをぽつりと言ったことがありました。ふだんから私が言っていることだったので、正直、びっくりしました。

「そう、子どもは選べない、決めるのは親なんですよ。親の都合で子どもの住む家、環境は決まってしまう。親に責任があると思いますよ。空気のきれいな家に住んだらいいですよ。涼しくて、あったかくて、温度差がなくて、嫌なニオイのしない家。うちの家は木の香りしかしない。でも、ちょっとだけお金がかかりますよ。がんばってください、お子さんのために」

私は思わず勢い込んで言ってしまいました。ずいぶん立ち入ったような感じがするかもしれません。でも、やはりどうしても、これからの次代を担う子どもたちに、元気に育ってほしい。そういう意識を持てる大人たちが増えることも願っています。

家づくりは、もっと自由であっていい。ご夫婦二人の趣味をとことん生かす家2例

●ご夫婦二人になったからこそできる、自由でわがままな家づくり

弊社ではご夫婦二人の家づくりを依頼されることがずいぶんあります。お子様がいないご夫婦、お子様たちがみな独立して家を離れ、二人だけになったご夫婦。ご夫婦二人とも現役を引退したのをきっかけに、終の棲家をつくりたいというご要望もよくあります。

そのようなご夫婦には、お二人の趣味を生かした楽しい家、生き甲斐を感じる家がふさ

わしいと思いますし、また、そのようなご要望をいただいています。そのため既存の家に対する常識を覆すような、もっと自由な家づくりが必要とされているのを感じます。

ここでは、二組のご夫婦の、趣味を生かした家づくりをご紹介します。

◎共通の趣味・社交ダンスの練習ができる家

お二人とも社交ダンスが共通のご趣味だというご夫婦。とても仲が良くて、社交ダンスをされているせいか、とても若々しくお元気です。さまざまなお話しを伺った結果、とことん社交ダンスを楽しめる家づくりをするというのをコンセプトにしました。

最も特徴的なのは、社交ダンスの練習もできる広々としたリビングルームです。床は硬い桜の無垢床にしました。ダンス用の靴を履いても大丈夫なようにするには、硬くて丈夫な桜の無垢床が最も適していると考えたからです。また、壁には一面に全面鏡張りを施し、ダンスをしている姿を見られるような工夫をしました。

このように、ダンスのために一番広い部屋であるリビングを、硬くて丈夫な桜の無垢床でつくりましたが、若干、冷たい感じが残ってしまいます。

寝室の方はあたたかい床が良いということで、杉の圧密無垢床を選びました。見た目も、そして感触もやわらかく、あたたかく暮らすことができます。

奥様にはもう一つの趣味がありました。もう長年、茶道をたしなんできたのです。

そこで、裏千家の水屋とお茶室を併設しました。自宅でお茶を楽しめる要素も取り入れました。

●夫婦それぞれの趣味を尊重しあう家

夫婦がそれぞれ異なる趣味を持っている場合の家づくりもあります。このご夫婦は、お二人ともすでに定年退職され、ボランティア活動やカルチャー文化活動に熱心に取り組んでおられました。

この家では1階は旦那様の趣味が生かせるように、2階は奥様の趣味が生かせるようにと、夫婦二人の空間を分けて、趣味を生かすことのできる家としました。

旦那様は書道が趣味です。そこで、1階は長い半紙を床に置いて書道が楽しめる部屋にしました。奥様は日本舞踊が趣味です。舞踊の練習を存分にできるよう、2階の部屋は約25畳一間にして、壁は一面全面鏡張りとしました。また、トイレも着物でも使いやすいように配慮しました。

不妊治療をしていたご夫婦が、新しい家に引っ越してほどなく懐妊

●極度の冷え性がウソのように改善

あたたかい家に住みたい。健康な家に住みたい。そんな思いでアパートからソーラーサーキットの家に住み替えたお施主様のケースです。

奥様はかなりの冷え性で、アパートで暮らしている時には靴下を二枚も三枚も重ねて履いていたということです。アパートも寒かったのでしょう。

お二人とも40代、仲の良いご夫婦です。家を注文された時は、お二人で住まわれるのが前提で、もしかしたら後に、旦那様のお母様を引き取って一緒に暮らすことになるかもしれない、とのことでした。そのため、まずはお二人での暮らしということで、設計もそのようにさせていただきました。

最初は多くは語らなかったご夫婦で、お子様の話もしませんでした。何年もお子様に恵まれず、年齢的にも、もうあきらめていたということを伺ったのは、だいぶ後になってか

らです。不妊治療をしていた時期もあったようですが、おそらくは精神的にも負担が大きかったのでしょう。

やがて家が完成し、無事引っ越しもすませ、ちょうど一年が経ったころです。事務所に連絡があった際、私はてっきりメンテナンスの相談だろうと思いました。ところが、それは、奥様がご懐妊されたという連絡だったのです。

もうあきらめたのだと聞いていたのですが……。これには正直なところ、私も非常にびっくりしました。自分で、「家は健康を左右する」と謳っておきながら、まさか、このようなことまで起きてしまうとは思いも寄らなかったのです。

●あたたかい家で暮らすようになって体も心もラクになった

私は驚きながら、ご夫妻の話を伺いました。

「あたたかくて温度差のない家に住むようになって、体質が変わったような気がします。今までは寒いアパートで、冬はたいへんな厚着をして暮らしていたんですが、新しい家に引っ越してみたら、そんなに厚着しなくてもいられるんです。手先も足先も常に冷たかったのがウソのように治りましたし、体がとてもラクになりました」

そのように話すお施主様は、これまで何年も子どもを授からなかったのに、新しい家に引っ越してからのこの一年で、変わったことは何だろうと考えたのだそうです。仕事も変わっていない、生活時間や習慣、それに、食べ物も変わっていない。やはり変わったのは住まいだけだというのです。

「この家で暮らすようになってから、あきらかに体温が上がりました。今から思えば、低体温症だったのかもしれません。よく知られているように、体温が上がると病気になりにくくなるし、健康になると言われています。体温が上がって妊娠しやすくなったのかもしれませんね」と、旦那様も驚きを隠せません。

実際に、医療の分野でも体温が低いと免疫力が低下することがすでに明らかにされています。また、子宮や卵巣は冷えのダメージを最も受けやすい臓器であるとも言われています。慢性的な冷えは子宮や卵巣の機能そのものを低下させてしまい、卵子が着床しにくくなってしまう恐れがあると考えられているのです。

つまり、せっかく受精したとしても、卵子が子宮内に着床しきれない状態になってしまうというわけです。不妊症の原因の一つに冷えが関係しているとするゆえんです。

体質が変わったとまで感じるのは、やはり免疫力が向上したためではないかと思われます。一般的に基礎体温が36度以下の場合、低体温とされています。体温が低いと血行が悪

体温が上がって妊娠!?

くなるのはよく知られていますが、それは血管が収縮してしまうからです。

　血行が悪くなると、血中の免疫細胞の働きも悪くなります。

　血行が良ければ、体内に侵入したウイルスや細菌を即座に攻撃して駆除することができるのですが、血行が悪いと免疫細胞が素早く対応できなくなるため、こうした異物が体内に長く居続けることになります。

　すると、風邪を引きやすくなったり、疲れがとれにくく常にだるいなど、全身の体調そのものが低下していくとされています。

　体温が1度下がると免疫力が30%低下すると言われていますが、逆に言えば、わずか1度上げればそれだけ免疫力がアップするというわけです。

体温を上げるためには栄養バランスのとれた食事、しっかりした睡眠、適度な運動、また、半身浴を取り入れるなどといった工夫が必要だとされますが、そうしたこともさして気にせずに、ごく普通に暮らしているだけで基礎体温が上がり、慢性的な冷え性が治るのであれば、これほどラクなことはありません。

●温度差がないということの重要性に気づいてほしい

低体温が改善され免疫力が上がれば、おのずから健康レベルは上がっていくはずです。さらに言えば、温度差がないということ、これが血圧を安定させ、体の調子を良好に整えてくれるようです。

ファンヒーターをつけていても息が白くなってしまうような家で、お父さんがお風呂場で亡くなっていたことを第1章で述べました。血管と心臓に相当な負担をかけていたことが想像されます。高血圧だとしたら、温度差がある家は命取りになりかねません。大げさな話ではなく、実際に家で亡くなる人は交通事故死を超えているのです。

今の時代、平均寿命は大幅に伸びています。しかし、誰でも最後の5年間は誰かにお世話をしてもらうことになると言われています。

健康を害することは本人がつらいだけでなく、家族の計画を狂わせてしまい、不幸になるきっかけになってしまうことさえあるのが現実です。

医療技術も発達した今は、なかなか死なせてもらうことができません。だからこそ、できるだけ元気でいて、コロリと死んでゆく……そのようなピンピンコロリを理想としたいものだと思います。

ぎりぎりまで自分のことは自分でやる、そんな生活をしたいなら、まずは血圧に気をつけることだと、私の信頼するある医師は話します。

温度差のない家に暮らせばヒートショックがなくなります。トイレに行っても、お風呂に入る時も、極力心臓に負担をかけないようにする。そんな家づくりができる時代になってきているのだから、つくらずにいるというのは、私はおかしいと思っていますし、勉強不足ではすまされないとさえ思っています。

いずれにしても、こんなに幸せなことはないと、ご夫婦から喜びの連絡をいただき、私としても驚くやら嬉しいやらで、本当に幸せな気持ちになりました。自分の信じる家づくりをしてよかった、これからもそれを貫いていこうと心から思えた出来事でした。

元気な時は距離を置き、支えが必要ならすぐ寄り添う 曖昧さが心地いい介護住宅

◎新しい同居型介護住宅のあり方

介護が国の問題にまでなってしまった現在、家づくりもいつか必ず訪れる老後のことを考えた設計であるのが望ましいと言えます。しかし、定年退職したご夫婦などは別として、働き盛りの世代を中心に老後のことを考えるケースはまれでしょう。

その結果、介護しなければならない状況が突如としてやってきて、それに伴い、慌てて家を介護仕様にするということになるのです。

たいていは手すりを付けるとか、段差をなくすといったリフォームですませていますが、これではまったく不十分です。なぜなら、もとの家の基本的な概念が介護向けではない以上、どうしても限界がありますし、単に手すりを付けて段差をなくしただけでは、介護される側と、介護する側の「心のバリアフリー」にはならないためです。

最も望ましいのは、やはり介護を前提とした家づくりをすることです。ただし、突然介

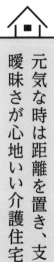

護しなければならない状況になってからでも遅くはありません。

ここでは、ある日突然、お母様が脳梗塞になって、車椅子生活を余儀なくされたご家族の話をご紹介しましょう。

それは真夏のお盆休み明けのことでした。

「小長谷さん、実は、母が脳梗塞になって車椅子の生活になってしまったんです。今の家では、どうしても介護が難しい。車椅子に対応した家、それに、介護する自分たちもラクになれる家を建ててもらえないですか」

かなり切羽詰まったお施主様からの電話でした。

私はこの地域で最初に福祉住環境コーディネーターの勉強をして資格を取得しています。「このような場面でその知識が活躍する場が来るとは」と思ったことを憶えています。すでに一般的な介護住宅のあり方に対して疑問を抱いていた私は、先にも述べたように、「心のバリアフリー」を実現する、新しい同居型介護住宅をつくろうと決心しました。

いかに車椅子で動きやすい動線をつくるか

まず、私が考えたのは動線です。できる限り車椅子であちこち移動できる。それも、人の手を借りることなく、自分の力で好きなところに行くことができるようにするには、ど

「心のバリアフリー」を実現する

・動きやすい動線をつくる

・ぐるぐる回れるキッチン

・大型ウッドデッキ

うすればいいのかということを考えました。

そうすることによって、介護する人の負担はおのずから軽減されてきます。

もちろん、動線だけではなく、他にもさまざまな介護住宅向けの工夫を施しての上のことではあるのですが、逆に言えば、現在の多くの介護住宅が、あまりにも動線を考慮していないように感じています。

この家では、玄関からホールに至る動線の途中で屋外用の車椅子から、屋内用の車椅子に乗り換えるスペースをつくり、玄関からホールへ上がるスロープもつけました。

キッチンはアイランド式にして左右に十分なスペースをとり、車椅子でキッチンのまわりをぐるぐる回れるような動線をつくりました。どれくらいのスペースかというと、車椅子でバックしたりしなくてすむくらいの広さがあります。「どうすれば通り抜けることができるか」ということを考慮して工夫しました。

このようにすることによって、たとえば若夫婦が料理している時でも後ろから教えたり、声を掛けたりすることもできるようになります。場合によっては、車椅子の状態で、ちょっとした下ごしらえなどをしたりすることもできるかもしれません。

●自力で出られるウッドデッキ

このように十分なスペースを確保し、適切な動線をつくるだけで、車椅子の人が孤立しないですむばかりか、ちょっとした家事を行うことは、リハビリにもなっていきます。

ダイニングには家族全員が集えるように、無垢の木の板を使用した特注の大きなダイニングテーブルを設置しました。もちろん、お母様は車椅子でそのまま席につくことができます。

アイランド式のキッチンからダイニングテーブルまで、すべて車椅子で移動が可能です。

さらに、サッシの段差をなくした大きなウッドデッキをつくりました。車椅子で生活する人の見る世界を広げたかったのです。一人の時は家の中から、窓越しに見る風景だけが外の世界であるというのは、どうしても忍びないと思いました。それで、一人の時でも、自分で外に出て太陽の光やあたたかさ、風を感じられるように、外の空気を感じたいという時は、一人でも自由に出て行くことができるようにと、大型ウッドデッキを設置したのです。人の手を頼らずとも気分転換ができるということは、心の健康に寄与することでしょう。気持ちを明るく保つことによって免疫力も上がると言われています。結果的には体のためにもなっていくと思います。

◎「あいまいさ」のある同居型住宅

実は、介護向けの家とはいっても、この家は二世帯住宅の要素も持ち合わせる必要がありました。

お母様の介護は、将来的には子ども夫婦が行うことにはなるのですが、当面は、まだ元気なお父様が看るということでした。

つまり、同居型の家ではあるのですが、それぞれの距離感も確保できるようなつくりである必要があったのです。そして、お父様がお母様を介護することができなくなり、むしろ介護を必要とする状態になった時に、子ども夫婦が、できるだけラクに介護をすることができる……そうした将来を見越しての設計にしたのです。

それぞれの距離感を確保できるように、玄関も別なルートをつくり、水回りも独立させました。そうすることで、まだ元気なご両親と若夫婦の生活に付かず離れずの距離感を確保し、何かあればすぐにそばに行くことができるように、家の中のルートもつくりました。外からも中からもつながるという、そんな曖昧な動線設計を導入したのです。

お父様とお母様のお部屋に関しては、同じ介護用ベッドを用意して、仲良く二台並べての寝室をつくりました。

半身が不自由になってしまったお母様のことを考慮して、間取りはお母様が動きやすい方向に動ける設計となりました。また、寝室にはお母様専用のトイレも完備。あまり適切なたとえではないかもしれませんが、施設のようなベッドルームができあがったのです。

段差と動線、温度差、そして心のバリアフリー

この家では、段差と動線、そして何より温度差のバリアフリーを心がけました。温度差のバリアフリーは、ソーラーサーキットの家の特徴ですが、おそらく多くの介護住宅に温度差のバリアフリーを入れることによって、健康状態も変わってくると思います。

今や温度差がいかに健康を左右するかがわかってきました。確かに、季節の変わり目など寒暖の差が激しい時期は、たいていの人が体調を崩しがちです。冬に風邪やインフルエンザが流行るのは、気温が低いだけでなく、屋内と屋外の温度差が自律神経を不安定にさ

せるからだとも言われています。

が、実は温度だけでなく湿度も大きな鍵を握っています。じめじめと湿度が高い時期はカビやダニが発生しやすくなり、アレルギーの原因となります。

具体的には、温度が20〜28度、湿度が40〜60％に保たれていると、快適なのはもちろん、風邪やインフルエンザにもかかりにくく、ダニやカビも発生しにくいと言われています。

また、快適な温度・湿度だと睡眠の質も変わってくるようです。熱帯夜の寝苦しさは誰もが経験しているところでしょう。秋になるとぐっすり眠れる夜が訪れるのは、睡眠に適した温度・湿度だからです。質の良い睡眠は、免疫力を活性化させ、自然治癒力も高めてくれます。

この温度・湿度が、家全体に行き渡っているのが、最も理想的な「空気のバリアフリー」と言っていいでしょう。そして、空気のバリアフリーとは、暮らしているだけで健康維持管理に役立つのです。

元気な時はできるだけ自分たちで頑張りたい。でも、できないことはお互い助け合っていく。そんな距離感を大事にすることが介護住宅の極意ではないかと感じました。

「いつかはみんな通る道です。この家をたくさんの人に見ていただきたいですね。元気な時にはわからない、介護する側、される側になって初めてわかることがあるんです。この家は良い例になるでしょう。この家を、介護される人、する人両方が幸せに暮らせる家の見本としてほしい」。完成した際の、お父様の言葉です。

私も知恵を絞り、できる限りの工夫をしましたが、この言葉を聞いた時に、あらためて介護住宅のあるべき姿を考えさせられました。介護がひたすら負担になるのではなく、介護される人もする人も、大変な中にも幸せを感じられるような家。それが介護住宅では最も大切なことではないでしょうか。

もはや家族の一員だから。ペットも健康に暮らせる家がほしい

猫と暮らす家

子どもたちが元気いっぱいに育ち、家族全員の健康を守る家。
夫婦二人のよりよい晩年のために、趣味を生かす終の棲家。
介護する人も、される人もラクな家。

これまでご紹介した実例は、世間一般にまったくないわけではなく、むしろ少なからぬメーカーや企業なども売りにしているものでしょう。しかし、ペットとの暮らしを中心に考えた家というのは、まだまだ珍しいかもしれません。最後に簡単にご紹介したいと思います。

お施主様は、たいへんな猫好きです。飼っている猫は、もはやペットではなく家族そのものです。大事な家族である猫ちゃんが、もっと楽しく暮らせるような家がほしい。もちろん、少しでも長生きしてほしいから、健康に配慮した家であってほしい。そんな思いで弊社に家づくりをご依頼いただきました。これくらい自由な発想で家をつくることがあってもいいと思います。

猫が健康で楽しければ、飼い主さんも健康で毎日が楽しくなるのは目に見えています。なるほど、こうしたところからも、健康になれる家というのがあるのかな、とさえ思いました。

◉あらゆるところに「猫仕様」

この家の最たる特徴は、何と言ってもキャットウォークです。1階から2階にかけて床をキャットウォークにして、猫ちゃんが自由に歩けるようにしています。また、円い大黒柱を1階と2階のホールにも設置して、猫ちゃんが柱を登ることができるようにしました。ドアには猫用の出入り口も付け、キャットタワーはもちろん、壁のあちこちに棚や丸くりぬいた窓などを付けて、猫ちゃんが遊び回れるようにしています。

ちなみに、玄関を開けると猫の足跡が……。これは猫好きのお施主様の趣味に合わせた遊び心で、猫の足跡模様のタイルを使いました。

もちろん人間のための工夫もたくさんあります。雨の日も濡れずにすむビルトインガレージ、広々とした屋上は洗濯室に直結しています。書斎カウンターは無垢板、キッチンには格子戸を配して、全体的に木のぬくもりがいっぱいのやわらかなデザインです。一歩入っただけで木の香りに包まれ、見た目にも、そして実際にもふわりとあたたかい感じがしています。

ほっこりと心地いい家で、人間とペットのお互いが少しでも楽しく過ごせるような家づくりができたら……。温度のこと、においのこと、家の性能や作り方で問題が少しでも解消できたら……。

そのような家があっても良いのではないでしょうか。

第4章

もう一度、
これからの
家づくりを考える

なぜ家を建てるのか。家は必要なのか

ここまで私の家づくりについての考え方や、具体的な工法、使用する素材、木への思いなどを述べてきました。いずれも私自身の考え方であって、これが正解だと断言することはできません。

また、どれだけ「いい家」を提案したとしても、お客様のニーズはさまざまで、私の思う「いい家」が、個人的なレベルで考えれば、必ずしも「いい家」ではないということにもなります。そこで、あらためて「なぜ家を建てるのか」「家は必要なのか」ということを考えてみたいと思います。

読者の方々も、あらためて家というものについて考えていただきたいと思います。自分が、家族が家に求めているのは何であり、それは本当に必要なものなのかどうか。それ以前に、家は必要なのかということまで……。

家を大別すると、安く早く完成する薄利多売の家と、コツコツ手づくりで建てる家とがあります。また、お金や工期など条件で買う家と、ちょっと妙な表現かもしれませんが感

情で買う家もある。

一方、社会問題として環境問題があり、日本特有の超高齢化という問題もあります。いずれも他人事ではもはやすまされない問題です。

地球に優しいというのは、すでに家の必須条件になってきています。どんどん暑くなる夏に対応していかねばならないし、急激に寒さが厳しくなる冬にも対応していかねばならない。それをどれだけ省エネで実現できるのか。小さなエネルギーで暮らせる家をつくることがもはや必須になっています。

介護問題を考えれば、ぎりぎりまで健康でいられる家、自分のことはできるだけ自分でできる家が望ましいと言えます。それでも、誰でも人生の最後の5年間くらいは、誰かのお世話にならなければならない。それを思えば、最初からそのつもりで設計した方がいいでしょう。

そうした先々のことを見越した家づくりをする。長寿社会なのだから、家も長寿化させる、長持ちする家をつくるほうが賢明ということになってきます。

考えてみてほしいのです。働き盛りのころに建てた家が、定年退職して、これから年金暮らしが始まるというころに、もはや建て直しが必要になってしまうなんて、経済的にも精神的にも厳しくないでしょうか。その段階になって、最初にしっかり建てておけば良かったと思ったところで、後の祭りとしか言いようがありません。

高性能なエコハウスのすすめ

ひとことで言えば、これからの家づくりは「高性能なエコハウス」である必要があり、家を必要とする人たちには、できるだけそうした家づくりをしてほしいと考えるわけです。

省エネ断熱性能に優れた家は燃費のいい家と言えます。温度差をなくし、ムラのない温度環境を実現することによってヒートショックのリスクが激減し、健康長寿住宅、未来に貢献できる家ということになる。

デザインや間取りといった目に見える部分だけが快適な住み心地を決めるのではありません。温熱環境という、目には見えない住み心地が、実は非常に重要なのです。

ここで理解していただきたいのが、「快感」と「快適」は似て非なるものだということです。好みのデザイン、斬新な間取りなどは、快感を与えるほうに属するとしていいと思います。しかしそれは長続きしません。デザインや間取りなどはいずれ見慣れたり、古びてきて、快感を与えなくなるからです。

それに対して快適は、ずっと居たい場所です。デザインや間取りなどは、ごく普通のものかもしれない。でも、そこにいるのが何ともいえず心地よくて、ずっと居たいと思う。これが快適です。

冬あたたかい家にするために大事なのは、暖房器具よりも家そのものの断熱性です。温度差をなくすためには、窓が非常に重要です。高断熱な窓は、外断熱とあいまって家づくりの基本です。健康の大敵である結露も窓選びで解決します。ゆえに樹脂サッシを選ぶわけです。樹脂サッシの熱伝導率はアルミサッシの１０００分の１にもなるのです。

断熱性能の低い家で暮らしている人は、室内温度にムラができてしまうため、暖房しても足元はひやっと冷たく、頭は熱くてぼーっとします。足元や窓辺が冷えるからと、どんどん暖房すると、さらに頭がぼんやりして、ひどい場合には頭痛が起きてしまう。

私の家づくりの基本となっている、ソーラーサーキット工法を導入した「杉の家」は、ふわっとしたあたたかさをもたらします。それも、玄関を入った瞬間から、どの部屋も同じようにふんわりとあたたかいのです。

トイレやお風呂場、誰もいないからと暖房をつけていない部屋に移動すると、ひやっと冷たい空気を感じるものですが、それが当たり前だと誰もが無意識に思っています。だから、この自然なあたたかさ、家の中がどこもふんわりとあたたかい状態に接すると、ビックリする人がほとんどです。そして、それが感動に変わり、「快適とはこういうことだったのか」と、体で感じるのです。

今まで快適と思い込んでいたのは、実は「快感」だったと気づく……と言ってもいいかもしれません。

夏は夏で、いくら冷房を入れても暑いと感じる。すると女性などは冷え性になってしまいますね。膝下などは冷たいのに、なぜか暑いと感じてしまう。ひどい場合は腰痛が起きたりします。

外気が30度以上にもなると、がんがんに冷房を入れている屋内に入った瞬間、ひやっとした空気が爽快に感じられます。でも、30分、1時間と時間が経過するほどに、女性などは寒くてカーディガンなしではいられなくなります。

私がつくる家は、玄関を入った瞬間に、かなりの温度差を感じるということはありません。冬にふんわり感じた空気は、夏には軽やかさを感じさせます。高原特有の爽やかな空気を思い出してみてください。気持ちよくて、深呼吸したくなりますね。その心地よさは、冷房がもたらす「ひやっとした空気」などとは比べるべくもありませんが、ソーラーサーキット工法を導入した木の家では実現できるのです。お施主様の誰もが「まるで避暑地で暮らしているみたいだ」と口を揃えます。

たくさん電気やガスなどのエネルギーを使えば、夏涼しく、冬はあたたかく過ごすことができるかといえば、必ずしもそうではありません。ましてや、まるで心地よい自然に抱かれているような、ふわっとしたあたたかさや、軽やかな空気などは、まだまだ望むことはできないでしょう。

もちろん光熱費はばかになりません。環境にもやさしいわけがありません。家全体を包み込むような外断熱だからこそ、必要最小限のコストとエネルギーで、自然のような空気をつくりだすことができるのです。

実は、ここは長い目で見れば大きな問題となってくるのです。実際、電気・ガス・水道といった光熱費が、家計のかなりの部分を占めているケースがほとんどではないでしょうか。安く手に入る家は、こうしたエネルギー面から考えても、「本当に安い家なのか」ということを、冷静に、しっかり考える必要があります。

家のランニングコストを60年サイクルで見る

「安くて良いもの」というのは、実際にあります。

しかし、家に関しては、私は「安くて良い家」というのは、ほとんどありえないと思っています。やはりどうしても「安かろう悪かろう」になってしまう。当然ながら、良い家はそれなりの対価を支払わねばならないことになるのです。

建築コストをまったく気にしなくていいような立場にある人は、そうそういるものではありません。ここが考えどころなわけです。

隙間だらけの家で、光熱費が数万円もかかるとします。また、病院にかかることも多く、心配なのでそれなりの保険料も支払う。これらの費用が、もし、良い家を建てることによって軽減されるとしたらどうでしょうか。実際、光熱費は格段に安くなっていることがすでにデータ化されています。

家を建てる時には、どうしてもいくらかかって、そのうち初期費用にどれくらい出せるか、そうなると35年ローンでいくら払うかといったことに終始してしまいます。純粋に家だけにかかってくる費用として受け止めてしまえば、どれだけ良い家であろうとも高いと感じることでしょう。

しかし、生活費も含めたランニングコストと受け止めた場合には、かえって安いと感じるようになるかもしれません。たとえば30坪で300万円ほど一般の住宅よりも費用がかかったとします。30年ローンで考えた場合、年額にして10万円、月額にすると約8000円の負担増となります。

その一方で、毎月数万円かかっていた光熱費が軽減され、しかも、ローンを払い終わる頃にリフォームの費用も必要ないと考えた場合、この負担増が高いか安いか判断できると思います。

最初から光熱費もかかり、また、30年後にはリフォームが必要となるような家ならば、その分を加算して考えるべきかもしれません。

いや、むしろ現実問題として考えていただきたいのです。30年かかって、定年とほぼ同時にローンを払い終わったその時に、家が数百万円から一千万円ほどもかかるような、大がかりなリフォームを必要としていて、それをしなければとてもではないが安心に生活していくことはできない。そんな状況は、苦しくないでしょうか。経済的にも精神的にも、かなりのプレッシャーになるはずです。ましてや、もう若くはない年齢です。60歳をとうに過ぎてから、もう一度、大金を払わなければならないだなんて、私などは正直、考えたくもありません。

このようなことにならないためにも、家のランニングコストを20年、30年ではなく、50年、60年で考えてみる必要があるのではないでしょうか。

そして、これからの家づくりは、むしろそうした長い目で見た建築設計と工夫とが必要になってくると言っていいのです。そうなると、ローコスト住宅は、本当にローコストなのかということにもなってきます。

フランチャイズの家を始めた理由

しかし、そうはいっても、良い家がほしいけれど、どうしても限られた予算しか出せないという場合があります。そういうお客様は相手にしないのか、ということになります。

ここは正直言って非常に悩むところでした。私としては、良い家がほしいという人と、良い家をつくりたい。予算が伴わなかったら、この最大の主旨は崩れるのか、ということになりますから。

そこで昨年から、これまでのような注文住宅だけでなく、フランチャイズの家をつくり始めました。世間的には、本体価格１０００万円台から建てられるというローコストデザイン住宅です。これまでさんざんローコストデザイン住宅のことをよく言ってこなかっただけに、始めるにあたっては、それなりに悩んだのは確かです。しかし、私なりに納得できるラインで決着しました。

実は、そのコンセプトに反して、私はこの世間的にローコストデザイン住宅と見られている家を焼き直し、デザインやライフスタイルの提案、マーケティングに長けているという長所は採用する一方で、私がこれまで貫いてきた従来のＤＮＡを注ぎ込んだのです。

具体的には、そのフランチャイズの家の基本仕様が２×４であるところを、木造在来軸組工法にしました。さらに、外断熱にして樹脂サッシを取り入れ、省エネ等級は４相当、耐震等級を３相当にしたものを、弊社独自の標準仕様としたのです。

もちろん、そのために金額は上がってきてしまいます。全国展開している商品ではありますが、弊社だけ値段が違ってしまうというわけです。しかし、それも極力抑えて、通常標準価格に２００万円程度をプラスした価格としています。

値段が高くなってしまうとはいえフランチャイズの家ですから、スケールメリットが功を奏し、これまでつくってきた「杉の家」と比較すれば、格段に手頃な価格帯となっています。高性能で人に優しい快適な住み心地を、これまでとはまったく異なる手頃な価格で提供できるようになりました。

おかげさまでフランチャイズ住宅も好評で、価格的な気軽さもあって、別荘として建てられるお施主様もいます。サーフィンが趣味のお客様が、海辺にとことんこだわった趣味の家を建てたのです。

この価格帯だと、小さな子どものいる比較的若い世代のご夫婦にも、あまり無理することなく健康な家で住まうことが可能です。やはり、私自身、自分の子どもが住む家が変わっただけで健康になったのを目の当たりにしているので、一人でも多く、健康な家で暮らせるようであってほしいと願うのです。

子どもは家を選べない。それを思えば、なんとかして安心して住める家を若い夫婦にも提供したい。理想を言えばきりがないのですが、最も大事なのは、この核心部分なのです。

ただ、実は、このようにしてフランチャイズの家を手がけるようになったのですが、お施主様と打ち合わせをしているうちに、弊社の注文住宅に切り替えてしまうケースが非常に多いのです。入り口こそフランチャイズの住宅だったけれど、結果的にはオーダーになった……というわけです。

やはり、じっくり話をしてみればわかるものなのです。どうせ建てるのなら、やっぱりいい家がいい。じゃあ、その「いい家」って何？　ということになる。

特に若いお客様などは、「いい家」というものに対して、漠然としたイメージしか抱いていません。それを、一つひとつ「具体化」していくのです。

せっかくなら病気にならない、健康になれるくらいの家がいいよね。

子どもも大人も、安心して住めた方がいいよね。

年とった時に、もう一度、大金を払わなければならないような家よりも、長持ちで快適な方がいいよね。

そして、多くの人が知らない事実として、「**つくった時の空気が続く**」ということです。快適で、体にいい空気をつくりだすことのできる家をしっかりつくってしまえば、それはずっと続くのです。

快適な空気とは、温度と湿度が最適な状態に保たれる家ということになりますが、実は、これが家が長持ちするかどうかの大きなカギとなるのです。建材も内装材も、傷みの原因は結露にあります。結露ができない家というのは、一年中、温度と湿度がほぼ一定に保たれているものです。ここがクリアできるかどうかが、百年住宅になるかならないかの分かれ道です。

住む人にとって快適な家とは、家そのものの長寿化にもなると言っていいでしょう。このキーポイントさえ守られたら、いろいろな家のかたち、姿があっていい。最近は、つくづくそう思うようになってきました。いろいろなご家族の、いろいろな家をつくらせていただいてきて、私自身も良い意味で変わってきたのです。

貫くべきは貫くけれど、でも、変えていいところは自由自在に変えていこう。自在に変化していくことができるのは、むしろ、しっかりした理念があるからかもしれません。

不動産屋と工務店の違い

先にも述べたように、弊社は材木屋・建築設計事務所・工務店・不動産屋という四つの仕事を三つの会社に分けて請け負っています。面白いことに、この四つの業種に携わる人に家づくりのことを聞いてみると、たいてい意見はバラバラで、見事に四つに分かれてしまいます。

その中でも工務店と不動産屋の違いは面白いものがあります。一世代前の工務店は別として、今の時代は、よく勉強している元請けの工務店がめずらしくありません。そのような工務店の建てる家は大変良くなっています。設計力やデザイン力にしてもそうですが、断熱性、耐震性、温熱環境、空気環境、地球環境などにも細心の配慮がなされていることが多く、長く快適に住めるエコハウスを建てようという心意気が漲っているのが感じられます。それはもう、かなり頑張っていると言っていい。

その一方で、不動産屋を本業としている業者の販売する家や、大手ハウスメーカー、不動産屋の下請けを生業としている工務店の建てる家の多くは、一にも二にも金銭勘定が基本になってできています。「いくらで作り、いくらの利益を出すのか」ということです。「人が快適に住み、暮らすための建物が家なのだ」という感覚ではなく、今流行の「コト売り」になっています。つまり、ライフスタイルやイメージ、デザインを広告媒体として、とにかくその家で「こんなおしゃれで素敵なコトができますよ」というファッションを売りにして、イメージ先行で、安く作り、安く売れるように不動産という商品にしてしまうのです。

不動産業は「土地の価格ありき」

不動産屋は土地の金額がまずあり、そこに足し算で建物（家）の金額をのせます。そして、総額でいくらになるのか、住宅ローンは組めるのかということを顧客に提示します。言葉は過ぎるかもしれませんが、不動産屋というだけあって、土地の価格ありきなのです。だから、買える金額、売れる金額で家をつくらなければダメだということになる。逆算の法則というわけです。だから、多くの場合、断じて良い家とは言えない家になる。

価格の面から言えば、真面目に勉強している工務店のつくる家は、不動産屋のつくる家に比べると、とても高価になります。それは、不動産の広告のチェックボックスには決して出てこない、「さまざまな高性能」「快適性」「住み心地」といった、目には見えない、数値では表すことのできないところにお金をかけているからです。

家を単なる不動産という消耗品として販売する不動産屋とは、この点がまったく異なるのです。しかし、世間では不動産屋の安価な家と、工務店の高価な家を並べて比べてしまう傾向にあります。これは非常に残念なことと言うべきでしょう。悪いことには、工務店

の家を見学したあとに、不動産屋の家を見学に訪れたお客様に対して、

「そんなに高いのは、ちょっとおかしいのではないか」

「家にそんなにお金をかけて大丈夫ですか？」

などといったことを言うことがほとんどです。お客様としては、なまじ不動産をかじっている営業マンの言葉だけに、なるほどと信じてしまいがちです。

私は、家という大きな買い物をする以上は、とにかく立ち止まってゆっくり考えてみてほしいと願っています。

どんな家が良い家なのか。もちろん、それはその人次第です。

自分たちがずっと暮らしていく住まい。

大事な家族、子どもたちと暮らす幸せの器が家です。

その人次第でいいから、その人なりの幸せな家のかたちを、しっかりと考えてほしい。

たぶん、なかなか答えが出てこないこともあります。そういう時は、原点に帰り、シンプルに考えていただきたい。

なぜ、家を建てよう、買おうと思ったのだろうか？

誰のために、何のために、家を求めたのだろうか？

家のかたちも、幸せのかたちもそれぞれ

ここ数年の住宅の進化には、めざましいものがあります。すさまじいスピードで進んでいると言っていいでしょう。良い家がほしいと思ったら、数多くの選択肢があります。もちろん、限りなく良いものを求めていったらきりがないのですが……。

求めればきりがない世界で、でも、「ここだ」という決着点というか、行き着くところがきっとあると思います。そして、どこに行き着くのかは、個人の求めるものによって大きく異なってきます。つまり、家のかたちはそれぞれだということです。なぜか？　幸せのかたちが、その人によって、その家族によって、それぞれだからです。

自分が望む幸せのかたちをイメージしてみてください。幸せそうに暮らす家族の光景を想像してみてください。

それを叶えるには、どんな家が必要ですか？　そうやってシンプルに考えていけば、あなたにとっての「良い家」が明確になってくるのではないでしょうか。

こういう家がほしい、ということが決まったら、ここからは専門家との相談になってき

ます。私は家づくりの設計見積りの相談は何度でも無料で行っています。申込金をいくらか払ってからでないと設計見積りはしない……などということは絶対にしたくないと思っています。なぜなら、お客様が命を預ける家をつくるからです。

相談する際には、かなり率直な意見も言わせていただくことがあります。いろいろなことを私とともに勉強していただき、良いことも悪いことも知っていただいた上で、お互いが納得できる家づくりをしたいと願っています。

「確固たる理念を持つ工務店という選択

これから家をつくる人は、イメージや先入観、あるいは「これだけお得です」というような、オマケにつられるようであってはいけません。愚かな間違いを犯してしまいかねないからです。

営業マンは、その家がいかにすばらしいか、メリットばかりを語りかけてくるでしょう。しかし、営業マンに罪はありません。なぜなら、いわゆる営業マンは現場で起こっていることを知らされていないからです。知ってしまったら売れなくなることさえあるでしょう。

豪華なカタログには、懇切丁寧に家の設計や特徴などが書かれているように見えますが、その実、売り手側の事情が隠されています。一見、よくできているように見える展示場にあるのは、その家を素敵に見せようとするための、非常に巧妙な仕掛けと営業トークであるということを、心のどこかで憶えておいてください。そうでないと、あらゆる選択肢がある中から、うっかりふさわしくない家を求めてしまうことになりかねません。

本当に良い家がほしいのであれば、しっかりしたポリシーを持っていて、それを仕事に反映させ、木造住宅の欠点である断熱と結露、気密、換気の問題に適切な知識を持っている作り手を選択するのが最良です。

この町で生きていく

しかし、そのような工務店がどの地域にもあるかといえば、実は私も自信がありません。ご存じのように、地方は人口が激減しており、それに伴い経済も低迷しています。「ここではとてもやっていけない」と出て行く業者、長年続けてきた店をたたむオーナー。地方の町をとりまく状況は、極めて厳しいと言っていいでしょう。

私の地盤である佐原にしても、それは同じです。決して明るい見通しがあるわけではなく、むしろ問題は積み重なっていくばかりのように見えます。

しかし、それでも私は希望を持っています。それどころか、これからが面白くなるとさえ思っています。もしかしたら、それは私自身が、「この町で生きていこう」と腹をくくったからかもしれません。

この町で生まれ、この町で生き、この町で人生を終える。

そんな覚悟ができたのは、家業を継いでしばらくしてからのことでした。

若い頃に佐原の町を出た私は、祭りにさえも帰らずにいました。それでも、やっぱり帰ってきた。帰ってきた時に、それまでとは違う目で自分の生まれ育った町を見ることができたし、老舗の跡継ぎであるという逃れようのない自分の現実を静かに受け入れることができたのかもしれません。

とにかく、ひと言では表しきれないさまざまな思いが私の中で発酵して、この町で生きていこうという覚悟になった。今は、そんなふうに思っています。

不思議なもので、腹が決まると、それまで嫌でたまらなかったしがらみや、古い町にありがちな年功序列・縦社会特有の理不尽なコトなどが受け入れられるようになっていった。

仕方ないな、まあいいか、と思えるようになったのです。

そうなると人間関係の地図みたいなものが理解できてきて、それぞれの関係において、ほどよい距離感や付き合い方のコツなどもわかるようになってきた。選挙の時などは、それがかなり切羽詰まったかたちで表れてきたりもするのですが、それなりに対処できるようになりました。

人間関係が希薄になった今の社会では、面倒だと言われることばかりだと思いますが、でも、実はそうしたことを通して若造だった私も認められ、信頼してもらえるようになっていきました。もっとも、仕事の信頼の背景には、やはり先代が築いたものがあったからというのは否めません。

日本が戦後の経済発展を遂げる上で、多くの人が疎ましくて離れていった「地域社会のしがらみ」というものは、もしかしたら、なかなか面白いものではないかと最近では思っています。

その地域で、地域の良さを受け入れて、コツコツ良い仕事をしようとする姿勢は、いつかきっと受け入れられる時がくるものだと実感しています。弊社のような家づくりをしている立場だと、「この町の誰が桶市ハウジングの家に住んでいるか」ということも、実はブランド力になってくるのです。

「あの人が選んだ工務店なのか」ということが、無言のうちの宣伝になっていく。そして、その町の人格者が選んで暮らしてくれるということが、大きな信頼に繋がっていく。

端的に言うと、小さな町だと成功しやすいということです。このところ佐原には、新たにものづくりを始める若い世代が増えてきています。30代から40代が中心ですが、佐原の歴史や風情に魅了され、それを活かすような仕事をしているのです。古民家をリノベーションしてレストランやカフェにしたり、いろいろな作品をつくるアーティストがいたり。商家を利用したホテルも今年オープンしました。そんなのは他にもあるじゃないかと言われればそれまでですが、しかし、これまで佐原にはなかった動きが出てきて、町に新たな風が吹き始めているのです。

佐原という小さなエリアではあるけれど、そこでとにかく何か始めてみる。小さなエリアだから、広告宣伝費もそんなにかからないし、話題になると、けっこうあっという間に広がります。だから、成功しやすいのです。

都会などはエリアがとにかく広すぎて、情報もごまんとあるから、見つけてもらうだけでも大変です。広告宣伝費をかなりかけないことにはどうしようもない。成功するためのには、それなりの投資が必要になるわけで、投資をしたからといって成功するかどうかは確かではない。

　こういう小さな町で、とにかくいっぺん成功して、話題になってしまう。そういう方法もありではないかと思うし、私自身、可能性を感じています。

　地域経済は大変だと言われる今だからこそ、いかにこの町で生きていくのか、という視点を持つ。これが突破口ではないかと思っています。

　ところで、この町に戻ってきた時は若造だった私も、今では中堅どころとなって、若者たちから意見を求められるようになりました。奇しくも、私よりも上の長老世代と、若者世代との橋渡し的な位置になったわけですが、世代交代が進む中で、これからけっこう面白い流れになっていきそうだという実感があります。

佐原の江戸優り

　成田などに行くと、よく言われることがあります。

「佐原の人って、ほんとに佐原が好きだよね」

なかば嘲笑しているのが、その表情からもわかります。確かに、佐原の人間は、どういうわけか佐原の町がとても好きです。あまり考えたこともありませんでしたが、それはもしかしたら無意識のうちに抱いている、この町で生まれ育ったことに対する誇りがあるからかもしれません。

「佐原の江戸優り」という言葉があるのですが、佐原は商都で、江戸時代に水運で繁栄を極めました。酒蔵や醸造蔵も多く、江戸で消費される酒や醤油、みりんなどは佐原から江戸の町にもたらされる、つまり、「江戸の人々を自分たちが養っているんだ」くらいの気概があったのです。

また、日本中を歩いて測定し、地図を描き出したことで知られる伊能忠敬が生まれ育ったのも佐原です。今でも旧宅がほぼ当時のまま残されています。

その江戸優りと言われた頃の町並みは、国選定の重要伝統的建造物群保存地区になっている地域もあることから、今も往時の面影を色濃く残しています。時代劇のロケなどにも頻繁に使われているため、「ロケの町」としても知られるようになってきました。

今でこそ、これこそが佐原の宝だと思っていますが、かつてはそれに気づくことができなかった。あまりにも身近すぎて、当たり前だとしか思っていなかったわけです。

「江戸優り」と言われた雰囲気が残る町並み

町に限らず、それは多くのものに言えるのではないでしょうか。私たちにとって最も大切な、かけがえのないものは、最も身近にあって、当たり前だとしか思っていないものだったりする。それはたとえば家族であったり、親友だったり、そして、生まれ育った町であったりするのです。

何も佐原が特別だというわけではないのです。もちろん私にとっては特別ですが、あなたの生まれ育った町、いま暮らしている町、親きょうだいに友人たち……それこそが、何ものにも代えがたい宝なのです。

年に二回の大祭が超異業種交流であり「人づくり」のハイライト

佐原の自慢の最たるものといえば、佐原の大祭でしょう。重要無形民俗文化財として国の指定を受けており、また、ユネスコ無形文化遺産にも登録されています。巨大な山車《だし》が曳き廻される、町を挙げてのお祭りです。

山車の最上部は「大天井」と呼ばれ、身の丈が5メートルにもなる日本一の大人形が据えられます。鼠屋福田万吉、三代目原舟月、湯本長太郎など名だたる人形師が手掛けており、それぞれの町内が威信をかけているため、真剣そのものです。

実は、弊社のある場所は、その昔、関戸と言われるかなり大きな町内でした。ところが、大きすぎて争いが絶えなかったと言います。町内の半分が農民で、そのほかは商人だったので、どうしても気が合わなかったようです。

そこで西関戸と東関戸に分けることになりました。町内をどのように分けるか、その際に、祭りの山車はどのようにするか、その談判と調整を行って、決定するためのくじを引いたのが、二代目である私の祖父です。

巨大な山車が曳き廻される佐原の大祭

町内は、うちの裏に当たる水路を境に分けられました。だから水路を挟んで向こう側は西関戸の家々になるのです。

しかし、町内は分けられても山車は分けることができないので、祖父が新しい山車の木材を用意しました。

大人形は後から人形師に頼んでつくりましたが、山車新造のお披露目である曳き廻しの際にも、その費用を祖父が立て替えたと、記録にあります。寄付金が集まってから支払ってもらえばよいということで、とにかく山車をつくってお披露目をしたわけです。

話は前後してしまいますが、実は、こういうこともあって、やはりこの町に戻ってこなければいけないという気持ちになったのは確かです。二代目の祖父がそこまでやって、それを婿入りした父が受け継いできた。それを自分の代で終わらせるのは、やはりできないと思いました。

祭りは年に二回、夏祭りと秋祭りがあります。つまり、田植えを終えた時期と、収穫を終えた時期です。それまで忙しく働いていたから、ストレス発散になったのでしょう。

今でも祭りの時期になると、町を出ていった者も帰ってくるのですが、ここでイヤというほど縦社会を教えられることになります。学歴も肩書きも関係なく、とにかく年長者の言うことには従わなければならない。怒鳴られながら箒を持って掃除をして……ということなど当たり前。でも、そういう中で、人間関係の機微を学んでいくのです。

また、祭りをきっかけに、業種を超えた交流の場ができたりします。東京で行われている異業種交流セミナーなどに行く必要などなくて、この町にいながらにして、かなり幅広い業種の人たちと情報交換ができるのです。

「佐原の江戸優り」を今に伝える伝統行事が、今や最高の「人づくり」の場でもあり、同時に、超異業種交流の場にもなっているということです。

振り返ってみれば、私自身、年に二度の大祭で育ててもらったものもあると、つくづく思っているところです。

良いものを長く、大事に

少し話が家づくりから離れてしまいましたが、佐原のような古い町で生きて、そして受け継がれてきた大祭を守っていく中で、やはり良いものは良いと確信できるようになりました。良いものを長く、大事にしていくという暮らし方、生き方。そういうものが、これからもう一度、見直されていくだろう。そういうスタンスが、かっこいいことなんだ、という価値観が、そろそろ出てきてもいいのではないかと思っています。

そこには、本当の意味での自由さがある。「型どおり」などではない、むしろ型になんか嵌めようとしても無理な、天然木のような、やんちゃぶりがある。

クロス、既製品、ユニット建材一辺倒でトータルコーディネートされた家は、私からすれば「つまらない家」です。地元の材を使い、自然の素材を適切に使う。木っ端を接着剤で固めた集成材は、言うなれば欠点の少ない優等生です。

それに対して、一本物、一枚物の、本物の無垢の木は、元気で味のあるやんちゃ坊主ということができます。それだけ味わいがあり、木でありながら体温が感じられ、時間とともに一緒に成長していくような、そんな存在感さえあります。

私は、家を商品とは思っていません。家はそこに住む人の個性の表れです。家を持つということは、その土地に根を張るということであり、社会的に認められるということでもあります。さらに言えば、家というのは、その地域性などを考慮しながら、自分らしい暮らし方を実現する器であると思っています。

家は幸せを育むものであり、家づくりは幸せな家族づくりでもあるのです。

家にどれだけ愛着を持てるか、思い入れを持てるか。大量生産、大量消費の時代は、もはや終わりつつあります。これからは、良い家を大事にし、そして長く住んでいくことが「かっこいい」時代になるのではないでしょうか。

早く安く簡単にできる住宅……そんな家にも使命はあります。しかし、これからの長寿高齢社会に対応していくには、スクラップ&ビルドはどうなのかという疑問を抱かざるを得ません。築30年でもそのまま住める家がある一方で、同じ築30年で、もはやリフォームする価値もないような家があるのもまた事実です。最初から良い材料でしっかりと建てられている家と、そうでない家の差は、かなり大きいものがあります。家を建てるのであれば、その時の自分にご褒美をあげるくらいの気持ちで、大好きな家をつくることです。

これからの高齢社会に対応できるよう、ヒートショックを起こさないような、家中の温度差の少ないあたたかい家、地震や災害に負けない家を、「しっかりと」つくることです。

この人生の最後の5年、10年をラクに暮らせるような家を。誰もが安心、安全、快適に長生きできるような家を。

命がけのお金を預かる覚悟

「神の手」と賞賛されるお医者さんがいます。人の命を預かる仕事というのは、つくづく大変な仕事だと思います。そのような立場の人の足元にも及ばないのかもしれませんが、私のように家づくりに携わる人間もまた、人の命を預かる仕事であると常々思っています。

それは、お客様が命がけで借りてきてくれるお金を使わせていただき、家をつくるからです。そういう仕事である以上、まさに命がけの仕事を託されているという認識を持ち、覚悟をもって家づくりに挑まなければならない。

病院にかかる時に、事前に見積りをもらう人はいません。見積りをもらったとしても、医療費によって、どの先生に診てもらうのか、どの病院にするのかを選ぶ人もいないでしょう。しかし、命がけのお金を使わせていただく私たちのような家づくりの仕事は、そうはいきません。見積りをして、その金額が、どこに頼むか、誰に頼むかを決定する条件になることが少なくありません。私は自分の体を預ける医者も、法的なトラブルを丸ごと任せられる弁護士も、信頼している同級生と決めています。その人がダメだと言ったら、ダメなんだろうと思えるような人に決めているのです。

専門的な分野に関しては、どんなに自分で勉強したところで足元にも及びません。だから、絶対的に信頼できる人に頼むのです。餅は餅屋というわけです。

それはどうしてなのか。私なら、この人のために良い家をつくりたいと思ったら、自分の持ち合わせている、すべての経験、すべての知識を駆使して臨むからです。もし自分でできないということになったなら、その人のために、持っている人脈を駆使し、もっとできる人を紹介するでしょう。そういう仕事を、私はしたいと思っています。

本当は家づくりを請け負う私たちも、お医者さんや弁護士さんのようでなければならないと思っています。命がけのお金を預かる仕事だからこそ、その人のために、お客様のために、命をかけて全力を尽くせるか。ここにすべてがかかっていると信じています。

おわりに

これぞ人生の醍醐味だと感じる時。

それは、あなたにとってどんな時ですか？

私は「感動」した時だと思っています。

人は、自分の想像を超えたものを見たり聞いたりすると、時に、身も震えるような感動を抱き、言葉をなくします。そういう瞬間がたくさんある人生は、とても豊かで、幸せではないでしょうか。

私は「家」をつくっています。もっと言えば、そこに住む人が「感動」するような家をつくりたいと、いつも思っています。

住む人の喜ぶ顔が見たいから……。

「この家にして良かった」、という、その言葉がうれしいから……。

千葉県の佐原の町で生まれ育ち、佐原の町を拠点に家づくりをさせていただいている私には、全国展開は無理な話です。会社をつくってから今に至るまで、大きく仕事をしようとは思っていません。

それでも、この本を読まれて、私の家づくりにご興味を抱いていただけたのなら、一度、私のつくる家を見に来ませんか。

「本物の木の家」ってどんなだろう？

空気がおいしくて、ぐっすり眠れる家ってどんなだろう？

ぜひ、モデルハウスに泊まって、五感で感じてみてください。

私は営業も自分で行いますが、営業マンではありませんから、良いことも悪いことも正直に話します。

完璧なものなど、一つもないと思いませんか？

それでも、納得していただけるものがあるはずです。

漠然と家づくりを進めるのではなく、納得のいくまで話し合って、一生に一度の家づくりにかけてみてください。心の中でイメージした幸せのかたちが、一つ、また一つと、現実のものとなっていく段階も、ぜひご覧いただきたいと思います。

そうした「二人三脚の家づくり」を経て、完成した時の感動。これはもう言葉になりません。

遠隔地で、とても弊社には頼めないという方には、ぜひ、こんな家づくりをしている工務店などを見つけていただきたいと思います。

誰のために、何のために家を建てるのか？　そこを間違えてはいけません。それを心に刻んで、家族が安心して安全に暮らせる幸せな家が、日本各地に一軒でも多く建てられていくことを、心より望みます。

小長谷　直弘

心地《ここち》のいい家《いえ》で暮《く》らしたい

2018 年 10 月 3 日　初版第 1 刷

著　者 ―――――――――― 小長谷直弘《こはせなおひろ》
発行者 ―――――――――― 坂本桂一
発行所 ―――――――――― 現代書林
〒162-0053　東京都新宿区原町3-61 桂ビル
TEL／代表　03(3205)8384
振替00140-7-42905
http://www.gendaishorin.co.jp/
ブックデザイン ――――― 吉崎広明(ベルソグラフィック)
イラスト ――――――――― 村野千草

印刷・製本：広研印刷(株)
乱丁・落丁本はお取り替えいたします。
定価はカバーに表示してあります。

ISBN978-4-7745-1736-0 C0052